OHSAMA BUNKO

眠れないほどおもしろい「日本の仏さま」

並木伸一郎

JN157107

三笠書房

はじめに――仏教の「謎」と「不思議」にふれる本

日本に生まれ育って、お寺や仏像を見たことがない、という人はいないはずだ。お正月にはお寺に初詣に行き、お盆に田舎に帰れば仏壇に手を合わせ、お彼岸《ひがん》にはお墓まいりをするだろう。

自分の家が何宗であるかは知らなくても、葬式といえば仏教式で行なう人がほとんどだ。

きっと、お坊さんを見たことがない、という人もいないと思う。

だが、

「如来《にょらい》と菩薩《ぼさつ》って、どう違うんですか?」

「宗派によって唱えるお経が違うのはなぜ?」

「空海《くうかい》や親鸞《しんらん》などの宗祖はどこがすごかったの?」

と聞かれてスラスラと答えられる人は、ほとんどいないのではないだろうか。お経も漢字ばかりで、何が書いてあるのか意味不明だ。

このように日本人にとっては、仏教はとても身近にあるけれど、その歴史や宗派、また教義やたくさんある仏さまの種類などについては、よくわからない人が多いのだ。

さて、私はご存じのように「謎と不思議の探求者」であるが、仏教や仏さまの世界は、実はそんな私でも驚くほどのミラクルな逸話があふれている。

そもそも空海や日蓮《にちれん》、役行者《えんのぎょうじゃ》（役小角《えんのおづぬ》）など、いわゆる「宗祖」といわれる、日本史でもスター級の人物たちは、傑出した法力《ほうりき》、いわば超能力の持ち主でもあったのだ。

しかし、ただ単に仏教にまつわる奇談を並べるだけの本では、どうもおもしろくない。そこで、むしろ〝仏教が驚くほどわかるようになる〟というのをサブテーマとすることにした。

本書を頭から読めば、日本仏教や仏像の種類のことがひと通り理解できる。いや、それどころか、仏教についてかなりくわしい人間になれるはずだ。

なぜなら、本書には、最低限の知識を非常にわかりやすく整理してつめ込んだのと同時に、実は専門家でもあまり知らないようなことを、チョロチョロッと隠し味のように加えているからだ。

そしてラストの章では、日本仏教が今までほとんど伝えてこなかった、仏教の驚嘆すべき面を、ＳＦを超えたスケールで展開させている。

願わくば本書によって、仏教が本当は驚きとセンス・オブ・ワンダーに満ち満ちたものであることを、ぜひ体感し発見してほしい。

並木伸一郎

◎もくじ

2章 密教――その驚くべき「法力」とは

……「怨敵調伏」に用いられた強力な呪術の謎

3章 なぜ「念仏」と「禅」は人々の心をわしづかみにしたのか

……「鎌倉」という時代に舞い降りた仏教界のスターたち

4章

こんなにも多くの「仏」がいるのは、なぜか

……「仏像を見る目」が磨かれ、「頼りにしたい仏」がわかる！

5章 「奇跡の霊験」を示した異能の僧侶たち

……仏教の〝凄み〟と〝深さ〟はここに極まる！

6章 仏が予言する「人類の未来」

……「仏の世界」とは、「宇宙」を表わしていた！

編集協力◎麻賀多真　イラストレーション◎カワナカユカリ

序章
なぜ、日本人は「仏さま」に祈るのか

仏教にたくさんの「宗派」があるのはなぜか

日本は仏教国だと思っている人は多い。いやいや、もともとは神道《しんとう》中心だったのに、途中から仏教が入ってきて並存しているんだ、という人もいる。日本は仏教の国なのか、神道の国なのかは、考え方によって微妙に異なるだろう。

それでも日本で「仏教が少数派」だと思っている人はほとんどいないはずだ。実際、文化庁の『宗教年鑑』（２０１３年）によると、日本の寺院数は７万７３４２にのぼる。これは、全国のコンビニエンス・ストアの数を２万５０００以上も上回る数字なのである。

神社の数は約８万社で、寺院数よりやや多い。しかし、これは小さな祠《ほこら》まで含めた数字なので、問題はやはりその規模だ。それは、どのくらいの人間が寺院や神社に属しているかで比較できるだろうが、お寺の僧侶の数が約34万人であるのに対して、神社の神職の数は、なんと2万2000人ほどしかいない。

数からいえば、まったく勝負になっていないといっていい。また、世界遺産や国宝・重要文化財に登録されているのも、神社より圧倒的に仏教の寺院や仏像のほうが多い。

やはり日本は、宗教的には仏教の国といってもいいようだ。

ところが、実に驚くべきことに、自分の家の宗派が何なのか正確には知らない日本人もまた多いようなのだ。それはなぜかというと、日本の仏教宗派があまりにも細かく分かれすぎてしまっているからでもある。

たとえば、非常に大ざっぱに分けても、次のようになる。

- **真言宗**《しんごん》**（宗祖は空海）**
- **天台宗**《てんだい》**（宗祖は最澄**《さいちょう》**）**
- **浄土宗**《じょうど》**（宗祖は法然**《ほうねん》**）**
- **曹洞宗**《そうとう》**（宗祖は道元**《どうげん》**）**

- **臨済宗**《りんざいしゅう》（宗祖は栄西《えい(よう)さい》）
- **日蓮宗**（宗祖は日蓮）
- **浄土真宗**《じょうどしんしゅう》（宗祖は親鸞）

このうち真言宗は18の宗派に、そして天台宗は3派、臨済宗は15派、浄土真宗は10派に大きく分かれている。日蓮系は法華宗《ほっけ》など数派の分派がある他、創価学会や霊友会、立正佼成会《りっしょうこうせいかい》などの巨大な新宗教が生まれている。単一宗派としてまとまっているのは、浄土宗と曹洞宗くらいのものだ。

現在は、それらからさらに無数の分派が誕生しているので、もはや全体の数の把握は非常に困難なのである。

それ以外に、**奈良仏教**（律《りつ》宗、華厳《けごん》宗、法相《ほっそう》宗など）があるし、規模は小さくても古くからある伝統宗派はたくさんある（融通念仏《ゆうづうねんぶつ》宗、時《じ》宗、黄檗《おうばく》宗、本山修験《ほんざんしゅげん》宗など）。また、有名な寺は1カ寺で独立宗派となっているところも少なくない（浅草寺《せんそうじ》は聖観音《しょうかんのん》宗、清水寺は北《きた》法相宗、法隆寺は聖徳《しょうとく》宗など）。

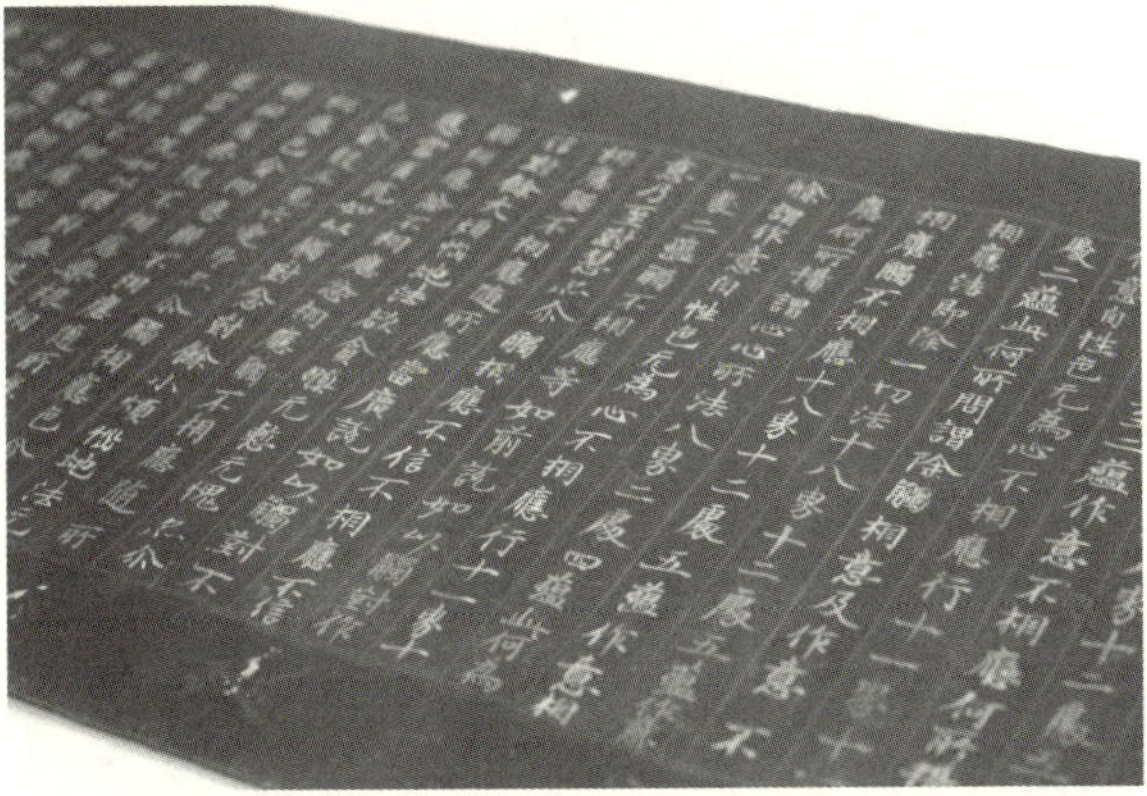

仏教の経典を集大成した「一切経」（「大蔵経」）が書写された通称・中尊寺経。紺色の紙に金字と銀字でお経が記されている

これでは、宗派の種類だけでもとても覚えきれないだろうし、まして、それぞれの宗派がどう違うのかなど、専門の研究者でもないかぎり、きちんと把握できている者はいないはずだ。

いったいなぜ、こんなことになってしまったのか。同じ仏教なのに、どうしてこんなに細分化されているのか。

その理由のひとつは、**各宗派が信奉する経典の違い**にある。

仏教の経典はなんと6000巻もあり、それぞれ異なる教えが書かれているので、そのうちのどれを重視するかによって宗派が決まってくるのだ。

さらに、同じ宗派のなかでも、その経典

をどう解釈するかによって流派が生じ、それがもとで分派したりするのである。

では、なぜ経典が6000巻にもなってしまったのか。こんなに「聖典」の数が多い宗教は、おそらく他にはないだろう。

「大乗仏教」が残ったのは日本とチベットだけ

仏教はもともと、インドのお釈迦《しやか》さまが創始したものだ。それは誰もが知っている。お釈迦さまとは、いわゆる**ブッダ**のことである。今から約2500年前のことだというから、なんとイエス・キリストより500年も古い時代の話だ。

北インドのシャーキャ（釈迦）族の王子として生まれた**ゴータマ・シッダールタ**が、あるとき妻子を捨てて出家《しゆつけ》し、いろいろな修行の末に、悟《さと》り（覚りとも書く）を開いてブッダになった。その後、布教をして弟子が増えていったのである。

このシャーキャ族の聖者という意味で「釈迦牟尼《むに》」「釈尊《しやくそん》」とも呼ばれた。

また、ブッダとは「悟りを開いた人（覚者《かくしや》）」という意味の言葉で、これが中国で漢字に直されて「仏陀」となった。それを略して「仏」という。

仏教というのは、「仏陀に成る」こと、つまり「成仏《じょうぶつ》」を目指す教えなので、「成仏陀教」といい、それを略して「仏教」というのである。

以上は、非常に基本的な説明だが、問題はここからだ。

ブッダの死後、教団はどんどん大きくなっていったが、指導者となる人がいなくなってしまったので、１００年後くらいに戒律《かいりつ》や修行の基準をめぐって、大きく２つのグループに分かれてしまった。そして、さらに数百年後に20くらいの部派にまで分裂してしまう。

そのころには、ブッダの言葉を記録に残そうということで経典もつくられだしていたのだが、それぞれの部派がそれぞれの解釈で編纂《へんさん》していったので、どんどん違う内容の経典ができていったのである。

やがて、戒律や修行の厳しさを重視する**「上座部《じょうざぶ》」系のグループ**と、厳格さよりも人々の救済を重視する**「大乗《だいじょう》」系のグループ**に大きく分かれていくのである。

仏教は、インドでは4世紀から5世紀ごろまで隆盛し、そのころからシルクロードを経由して、中央アジアや中国にまで伝わるようになっていった。7世紀には、有名な**玄奘**《げんじょう》（『西遊記』の三蔵法師《さんぞうほうし》）が長安から天竺《てんじく》（インド）まで経典を求めて大旅行をした記録が残っている。

その後、イスラム勢力の侵入によって寺院や仏像が破壊され、12世紀ごろにはインド仏教は、ほぼ滅亡したと伝えられる。

「上座部」系の仏教は、徐々にスリランカなどに流れていき、タイやミャンマーなどの東南アジアへと伝わっていく（**南伝仏教**）。

一方、「大乗」系の仏教は、中国やチベットに伝わっていき、中国から朝鮮や日本へと伝わった（**北伝仏教**）。

中国では仏教は弾圧されてほぼ衰滅し、朝鮮でも李氏《りし》朝鮮に弾圧されて小規模化した。しかし、大乗仏教は日本で受け入れられて大きく花開く。また、秘境チベットでも弾圧の波を逃れて奇跡的に仏教が残ったのである。

「ブッダの教え」と「原始経典」とは

以上が、非常に大ざっぱな仏教史の流れである。

不動明王の姿は、上座部仏教の人々には
悪魔の像にも見えるという

蔑称とされて用いないようになっている。

最近では、上座部の仏教徒たちも日本で活動をするようになり、2000年前に南北に分かれた仏教徒の交流が少しずつ始まっているようでもある。

ただし、彼らの側からすると、『般若心《はんにゃしん》経《ぎょう》』や『観音経《かんのんぎょう》』といった日本ではポピュラーなお経も、とてもブッダの教えとは認めがたい内容ということになり、なかなかに溝が深いようなのだ。

それに、不《ふ》動明王《どうみょうおう》などを寺で祀《まつ》っているのを見たりすると、まるで悪魔の像を拝んでいるようにも思えるらしいのである。

本来の仏教は非常にシンプルなものだった。

要は、**煩悩《ぼんのう》にとらわれるから悩みや苦しみが生じるのであり、そうした心のあり方をていねいに論理的に解きほぐしていけば悟りにいたれる**と、ブッダは説いていたのである。

では、日本の仏教は、なぜこうまでも多岐に分かれ、複雑なことになってしまったのか。それを、本書でできるだけ明快に説明していきたい。

「六道輪廻」と極楽・地獄

さて、本論に入る前に、もうひとつだけ説明しておきたい。

それは、仏教の大前提である世界観、**「六道輪廻《ろくどうりんね》」**のことである。

インドでは、仏教が成立する以前のバラモン教の時代から、「人は死ぬと生まれ変わる」とされていた。それも、人間にだけ生まれ変わるのではない。鳥や動物や虫に生まれ変わったりすることもあるし、地獄に堕《お》ちたり、餓鬼《がき》になったりすることもあるというのだ。

十《じっ》界《かい》	四《し》聖《しょう》		仏
			菩薩
			縁《えん》覚《がく》
			声《しょう》聞《もん》
	六道	三善道	天道
			人道
			修羅道
		三悪道	畜生道
			餓鬼道
			地獄道

三悪道と三善道を合わせて六道といい、迷いの世界。六道から離れ、修行を積んで「仏」にいたる仏教的世界観を「十界」という

その生まれ変わりの道は、次のように6通りある。

・**天　道**……天人（神）に生まれ変わる。快楽に満ちて苦しみのない世界

・**人《にん》　道**……人間に生まれ変わる。四苦八苦の苦しみのうちに生きる世界

・**修羅《しゅら》道**……阿修羅に生まれ変わる。戦いにまみれる怒りと苦しみのみの世界

・**畜生《ちくしょう》道**……牛馬などの獣に生まれ変わる。本能のみの救いのない世界

・**餓鬼道**……餓鬼に生まれ変わる。絶え間なく欲望に苦しめられる世界
・**地獄道**……地獄の囚人に生まれ変わる。絶望的な苦しみそのものの世界

この6つの世界をぐるぐると回りながら生まれ変わり続けることを、六道輪廻というのである。**「輪廻転生《てんしょう》」**ともいう。

最上位の天道に生まれれば、神通力《じんずうりき》も使えるようになり、たしかに苦しみのない世界ではあるのだが、またもや他の五道に転生する可能性がある。それは、天の神々も悟りを開いてはいないからだ。

つまり、仏教にはこの上にさらに、仏の住まう仏界があるのである。それを「**浄土**」という。

ぐるぐると六道をいつまでも輪廻していたのでは、苦しみの輪から抜け出すことはできない。そこで、ブッダの教えを理解することで悟りを開いて、一気にこの六道から離れなければならない。それを「**解脱《げだつ》**」という。

つまり**仏教とは、六道輪廻から解脱して、浄土世界に行くことを目指す教え**なのである。解脱して浄土に入った者は、もう生まれ変わることはない。この世の苦しみか

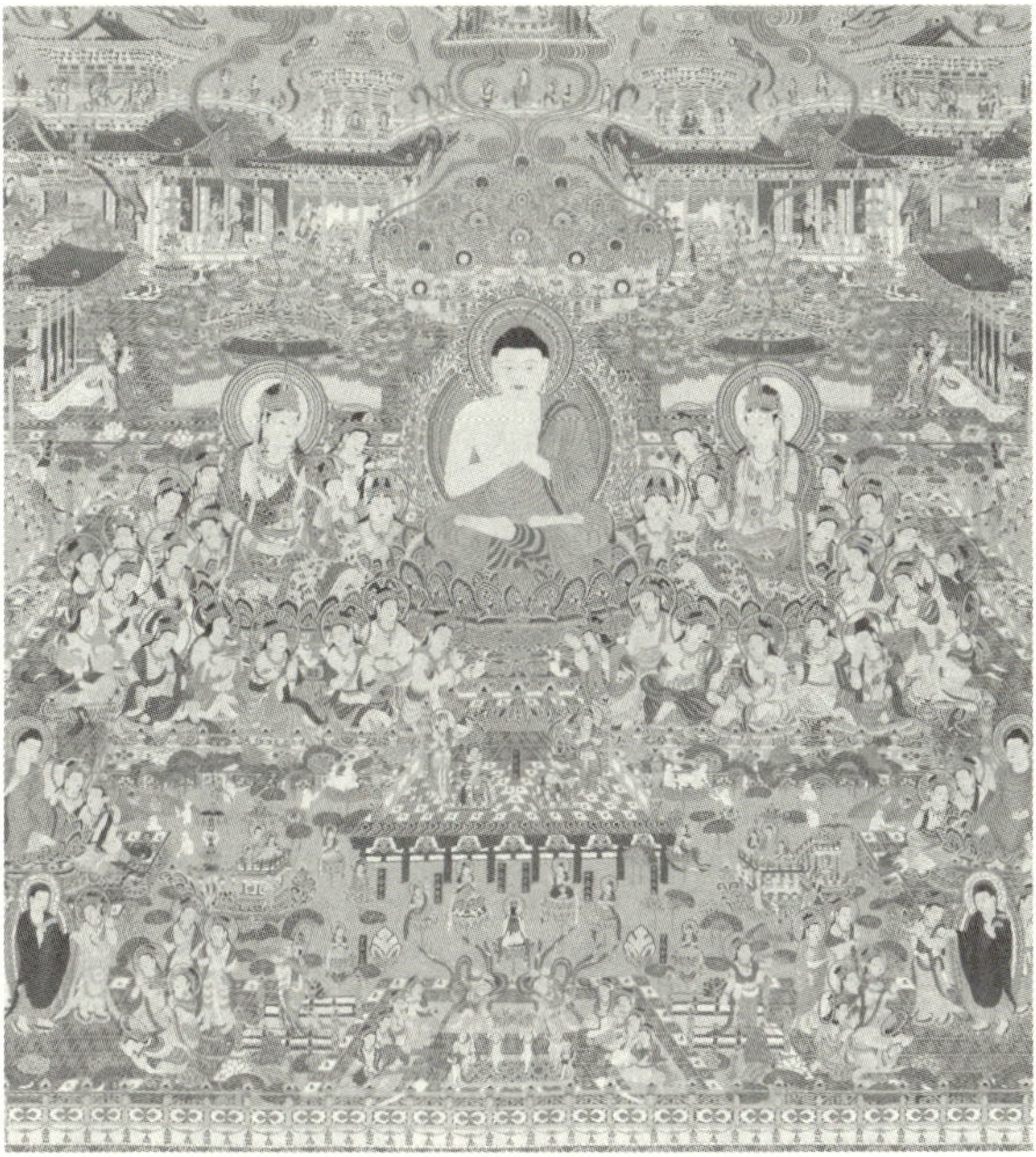

西方極楽浄土の壮麗さを描いた當麻曼陀羅《たいままんだら》

ら完全に解放されるからだ。

　では、その浄土とはいったいどこにあるのだろう。

　有名なのは、はるか西方《さいほう》の果てにあるという**極楽浄土**だろう。ここは、あの**阿弥陀《あみだ》如来**がいる無量（無限）の光に満ちた世界で、インドのサンスクリット語ではスカーヴァティという。究極の幸福に満ちた世界なので、「極楽」と漢訳されたのだ。

ところが、実は浄土はここだけなのではない。仏の種類ごとに、また別の浄土がいくつもあるのである。

たとえば、阿閦《あしゆく》如来の東方妙喜《みょうき》国、薬師《やくし》如来の東方浄瑠璃《じょうるり》世界、釈迦如来の霊山《りょうぜん》浄土、大日《だいにち》如来の密厳《みつごん》浄土、弥勒《みろく》菩薩の兜率天《とそつてん》、観音菩薩の補陀落山《ふだらくせん》などなど、多くの経典に説かれたさまざまな浄土世界がある。そして、それらに入国することを目指して、仏教徒たちは祈り、修行を重ねたのである。

そうはいっても、仏道の道はなかなかに険しい。

生まれ変わって次の生に行くまでに悟れればよいが、ついつい悪事をなしたり、煩悩におぼれたりして、やっぱり六道のどこかに堕ちてしまうのが、たいていの凡人の運命ではあるだろう。

そこで、人々はそうした六道に堕ちても、ちゃんと救済の手を差し伸べてくれる仏に祈ることになる。

昔はよく道端などに6体のお地蔵《じぞう》さんの像を見かけたものだが、最近はかなり減っているかもしれない。

これは**六地蔵**といって、六道それぞれに堕ちた人々を救う姿を刻んだものだった。同じように、**六観音**というのもある。**お地蔵さんや観音さまというのは、どんなダメな人をも救ってくれる奇特な仏**だからである。

ここまで読んでみてもきっと、仏教がどういうものなのか、まだよくわからないだろう。それでは、これから日本仏教の世界に分け入っていくことにしよう。

コラム 仏教の修行は厳しい？　厳しくない？

仏教の修行というと、ひたすら坐禅《ざぜん》をしたり、お経を延々と唱えたり、滝に打たれたりというイメージがあるだろう。

たしかに、そういう厳しい行をする宗派もあるが、なかには全然修行をしない宗派もある。また、同じ宗派内でも、修行をする僧としない僧がいたりする。修行に関しては、それぞれの宗派でいろいろ事情があるようなのである。

総じて、**浄土系の宗派**は「修行をする」という意識が希薄なところが多い。浄土系というのは、浄土宗、浄土真宗（各派）、時宗、融通念仏宗などで、要するに**「南無《なむ》阿弥陀仏《あみだぶつ》」を称《とな》える宗派**だ。とくに浄土真宗にいたっては、修行や戒律の必要性を否定しているような側面もある。

これとは逆に厳しい修行をする宗派といえば、なんといっても**禅宗系**で、なかでも

曹洞宗の永平寺《えいへいじ》での修行生活は過酷をきわめる。最低2年間の集団生活のなかで作法を毎日徹底的に叩き込まれるのだが、できない者や、覚えられない者には容赦のない運命が待っている。当然ながら脱落者は毎年のように出ているらしい。

脱落が許されないという恐ろしい修行もある。天台宗の**「千日回峰行**《かいほうぎょう》**」**は、その名の通り1000日間におよぶ壮絶なもので、一度始めたらどんな理由があっても途中でやめてはならない。

やめるときは、自分で命を絶たねばならない決まりなのである。

しかも、この行の700日目の段階では、**「堂入り」**といって、なんと**9日間、不眠・不休・断**

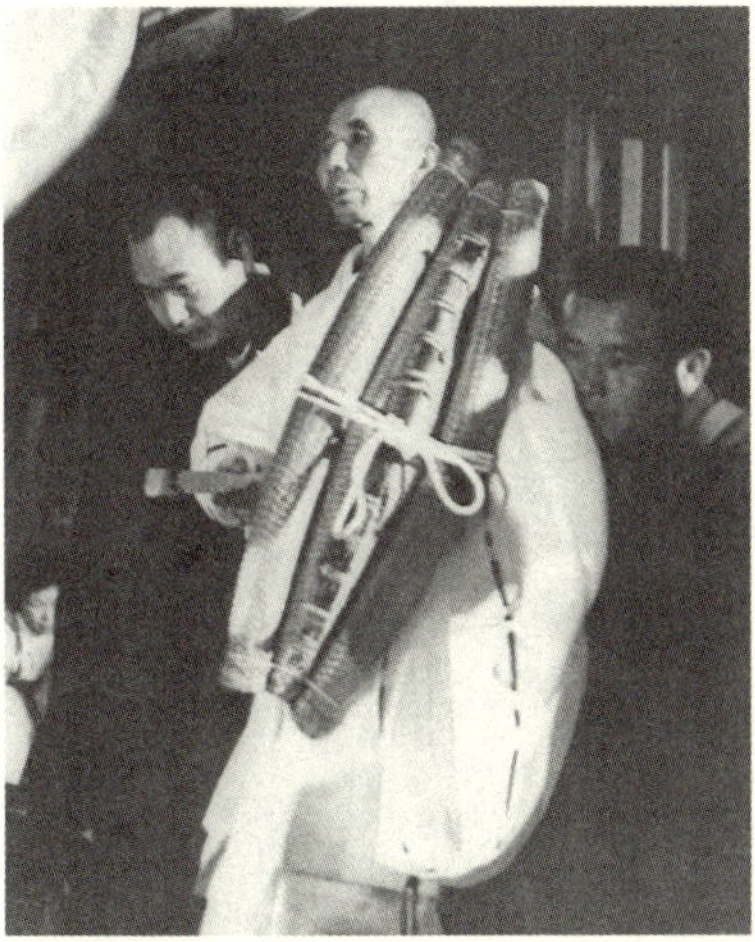

1978年、千日回峰行の最大の難関、9日間の断食・不眠不休の荒行「堂入り」を終え、無事に出堂した酒井雄哉師

食・断水のまま堂内で経を唱え続けるという究極の行がある。まさに、死をも覚悟しなければならないほどの修行なのだ。

同じ天台宗には、**「十二年籠山行《ろうざんぎょう》」**というすさまじい修行もある。12年間も比叡山《ひえいざん》から出られずに、たったひとりでひたすら勤行《ごんぎょう》と掃除をし続けるのだという。

ひと口に日本仏教といっても、修行についての姿勢は、このようにまったく違うのである。

1章

「金色の仏」が海を越えてやってきた！

……仏教は、いかにして日本に根づいたか

仏教の守護者・聖徳太子の謎

日本に仏教が公伝したのは第29代・欽明《きんめい》天皇のころで、6世紀の半ばくらいのことだ（552年・538年の2説あり）。しかし伝来の当初は、もともとあった神道とのぶつかり合いがあった。皇室を守護する豪族のうち、**神道を奉じる物部《もののべ》氏**と、**仏教を重んじる蘇我《そが》氏**のあいだで衝突が起こったのである。

このとき、蘇我氏の味方をして勝利に導き、仏教を主軸とする国家建設を進めようとしたのが、かの**聖徳太子**であった。

太子のつくった十七条憲法の第二条には**「篤《あつ》く三宝《さんぼう》を敬うべし」**とあるが、三宝とは「仏・法・僧」を指す。つまり、ブッダの像（仏像）、ブッダの教え（経典）、ブッダの弟子たち（僧団）の3つを大切にしろといっているのである。

聖徳太子というとすぐに連想されるのが、たいていの教科書に載っている宮内庁管轄の御物《ぎょぶつ》**「唐本御影《とうほんみえい》」**だろう。中国風の衣装をまとった聖徳太子が2人の童子とともに描かれているもので、この絵をもとに旧1万円札の肖像画が描かれたりもした。

ところが、長らく聖徳太子だとされていたこの絵は、実はそうではないという。1982年に東京大学史料編纂所長であった今枝愛真《いまえだあいしん》氏が、聖徳太子とはまったく関係のない肖像画で誰を描いたものか不明、との説を出したのである。

そこで、最近の教科書や歴史参考書などでは、この絵を掲載する場合、「伝・聖徳太子」と説明書きを入れることが多くなっている。

さらに近年では、聖徳太子は実在しなかった、とする論説がいくつも出てきている。生前の業績や伝説などに、あまりに不自然な点が多いからだ。こうした非実在説には反論も出されていて論争に決着がついたわけではないが、それだけ聖徳太子が謎めいた存在であることは間違いない。

そもそも、「聖徳太子」という名前が不自然なのだ。この名前は諡号《しごう》、つまり死後に贈られた名前なのだが、皇室の系譜において諡号に「徳」とか「聖」という字がついた天皇は、すべて非業《ひごう》の死をとげているのである。だから、せめてりっぱな名前をつけて供養し、魂を鎮《しず》めたということなのだ。ということは、聖徳太子も非業の死をとげたということなのだろうか。

「太子」というのは、もちろん皇太子だったからで、推古《すいこ》女帝の摂政《せっしょう》となって、官位を定めたり遣隋使《けんずいし》を送ったりと、すでに実質的な政治を行なっていながら、聖徳太子はついに皇位につくことはなかった。

それは、いったいなぜなのか。

法隆寺をめぐる〝薄気味悪い話〟

聖徳太子ゆかりの寺院といわれる奈良の法隆寺は、いくつもの謎を有している建物で、昔から「7つの謎」といわれているものがあった。それ自体は素朴で取るに足らないような謎なのだが、近年の建築家はもっと建築構造学的な不思議があるとして、新たな7つの謎を提示した（石田茂作『法隆寺雑記帖』）。

法隆寺の中門。真ん中の柱は怨霊封じなのか？

その筆頭に挙げられているのが、**「中門の中央の柱の謎」**なのである。これは少し薄気味悪い話だ。ふつう寺の門の真ん中に柱など立てない。もちろん邪魔だからだ。

中門というのは、法隆寺の本堂にあたる金《こん》堂《どう》と五重塔への入口の門のことだ。その門の真ん中に、通せんぼうをするような柱が立っているのだ。こんな門のある建築物は、他にはないだろう。

救世観音は、なぜ「秘仏」とされたのか

また、有名な「夢殿《ゆめどの》」には、**秘仏の救世《くせ》観音**が安置されているが、これは法隆寺が創建されたときからずっと、白布でぐるぐ

る巻きにされて二重の厨子《ずし》に入れられ、絶対に開けてはならないと伝えられてきたものだ。つまり、1000年以上も封印されてきた仏像なのである。

1884年にアーネスト・フェノロサと岡倉天心《てんしん》が調査と称して無理やり鍵を開けたとき、法隆寺の僧たちは「天変地異が起こる」と言って逃げだしたそうだ。

厨子の奥から出てきた救世観音は仏像っぽい顔をしていなかった。妙に生々しいのだ。明らかにこれは誰かの顔を模して造像されたのではないかと思われた。

しかも、なんとこの像は、光背《こうはい》が頭部に打ちつけられていた。いくら光背をつけるためとはいえ、仏像の後頭部に太い釘を打ち込むような恐ろしいことをするだろうか。

哲学者の梅原猛《うめはらたけし》氏はこれらの点をふまえ、**「法隆寺は聖徳太子の怨霊《おんりょう》を封印した寺である」**というショッキングな説（『隠された十字架』）を発表した。

要するに、太子が亡くなったであろう場所に夢殿を建て、そこに太子そっくりの像をつくって封印した。そして、魂を鎮め祀る本堂の門には、**怨霊が出てこられないように呪的な柱を立てたのではないか**というのである。

おそらくは当時の政治的な理由から、聖徳太子は封印された。皇位につかずに亡くなったのも、きっとそうしたことが影響したのだろう。そして、太子の血を引く一族も、実はことごとく殺されている。その怨念を恐れた人たち（事件の当事者たち）が、この寺をつくったのではないかというのだ。

謎の予言書『未来記』とは？

法隆寺の秘仏・救世観音。
聖徳太子を模した像ともいわれる

日本仏教の最初の聖人ともいえる聖徳太子には、他にもさまざまな謎があり、それを書いているとあっという間に1冊が終わってしまう。ここでは、もうひとつだけ不思議なことを書いておこう。

いつも10人以上の人

の話を聞き分けていたなど、聖徳太子の超人的な伝説は数々あるが、そのなかのひとつに**「未来予知」**がある。『日本書紀』に「兼ねて未然を知ろしめす」という記述があり、そこから聖徳太子は未来のことを予言していたのではないかとする話が広まったのである。

すると不思議なもので、聖徳太子が書いた**『未来記』**という書物がどこかにあるらしいということになった。

たとえば『平家物語』には、平家の都落ちに際して「聖徳太子の未来記にも、けふのことこそゆかしけれ」(『未来記』に今日のことがどう書かれているか興味深い)などという記述があり、『太平記』にも楠木《くすのき》正成《まさしげ》が『未来記』を見つけて読んだ様子が記されていたりするのだ。

鎌倉時代の公卿《くぎょう》・吉田定房《さだふさ》の日記『吉槐記《きつかいき》』には、『聖徳太子未来記』全50巻を藤原家倫《いえとも》が所蔵していたとか、唐招提寺《とうしょうだいじ》の書庫に『太子勘《かん》未来記』なる巻物があるなどと、実にまことしやかなことが書いてある。

つまり、中世の時代から『未来記』の名はよく知られていたのである。もちろん、

聖徳太子は夢殿において、夢を見るように未来を見ていた？

そんな文献が存在した証拠はない。だが、のちに、これこそが『未来記』の一部だとする「断片の実物」がいくつも登場し始めたのだ。

そして、江戸時代には聖徳太子が編纂したという大部の歴史書が〝発見〟される。『先代旧《せんだいく》事《じ》本紀《ほんぎ》大成経《たいせいきょう》』72巻本である。もしもそれが本当ならば、これは記紀よりも古いことになる。そして、このうちの第69巻は『未然本紀』といい、太子の予言が記されていたのだ。

つまり、聖徳太子の手によるホンモノの『未来記』が、ついに歴史の表舞台に現われたというのである。当然、これはたいへんな話題となった。

だが、この書物は「偽書」として幕府により禁書とされ、発見者たちは厳重に処罰された。今日の多くの学者も、これは後世の誰かが偽作したものという意見だ。

結局、『未来記』があるのかないのかは、不明のままだ。

しかし、今後どこかから発見されるという可能性がまったくないわけではない。**法隆寺には「三伏蔵《ふくぞう》」という未発掘の地中宝物庫があり（3カ所のうち1カ所は位置が発見されているが未開のまま）、これは「仏法が滅びる日まで開けてはならない」とされている。**そこにも、何が入っているかわからないのだから。

奈良仏教――「仏の力」で国を護りたい！

飛鳥《あすか》の地に最初に根づいた仏教は、聖徳太子と蘇我氏の力によって急速な広がりを見せ、次々と寺院がつくられていった。そして、645年の乙巳《いつし》の変で蘇我氏が滅ぼされ、大化の改新が始まると、即位した孝徳《こうとく》天皇は、**「これからは天皇が仏教を保護・統制する」**と宣言したのである。

そして、710年に元明《げんめい》天皇が平城京への遷都《せんと》を果たすと、いよいよ仏教は「国家鎮護《ちんご》」の要として、ますます重要視されていくことになる。

その象徴ともいえるものが、**聖武《しょうむ》天皇**による**大仏の造立《ぞうりゅう》**（造立の詔《みことのり》は743年）であったことは間違いない。

間違いはないのだが、しかし、なぜこのような巨大な仏像を無理にでもつくらねばならなかったのか。

なぜ聖武天皇は「大仏造立」にこだわったのか

国家規模の大プロジェクトというと聞こえはいいが、当時の国家予算の3倍もの費用をつぎ込み、工事に関わった人数は7年間でのべ260万人にもおよんだという。これは、当時の日本の人口の約4割にもなるのである。

当然ながら財政は逼迫《ひっぱく》し、税ははね上がって、民は未曽有《みぞう》の貧窮にあえぐことになった。農民たちは無理に駆り出されたので、田畑は何年にもわたって荒れ放題となり、しかも大仏の工事に出稼ぎに行ったはいいが、旅費は出ず、帰りの分の食べ物にも手

東大寺大仏殿。木造建築としては世界最大。元旦と8月15日に正面の桟唐戸《さんからど》が特別に開かれ、大仏のお顔を外から拝観できる

を出してしまって餓死する者が続出した。

それだけではない。国が極度に疲弊《ひへい》しているというのに、聖武天皇は何度も遷都をくり返した。そのせいで政治も経済も混乱をきわめ、メチャクチャな状態だったのだ。

それでも、大仏だけはなんとしてでもつくらねばならないというのだ。

そこまで聖武天皇が大仏にこだわるのには、理由があった。

大仏造立は「長屋王の祟り」から逃れるための事業だったのか——

天皇が藤原氏から后《きさき》をもらうのを反対していた皇族の長屋王《ながやおう》が、藤原不比等《ふひと》の子である四兄弟の陰謀で失脚させられ、自害するという事件があった。それからというもの、奈良の都は疫病や災害にひんぱんに襲われるようになった。そして、その藤原四兄弟も次々と病死したのである。

天皇は、「これはもしや**長屋王の祟《たた》り**なのではないか」という妄想にかられた。遷都を何度もくり返したのは、長屋王の怨霊から逃げるためだったのだ。

しかし逆にいえば、それだけの無理を通したからこそ、あれだけの大仏ができたともいえる。752年の盛大な大仏の開眼供養会《かいげんくようえ》を見届けてから、聖武天皇は崩御《ほうぎょ》する。

やはりこの天皇の諡号にも、「聖」の字が入っていることを忘れてはならない。

鑑真の来日で〝正式な仏教徒〟が次々誕生！

奈良仏教といえば、**鑑真《がんじん》の来日**のことにふれておかねばならない。なにしろ、鑑真が唐より来日しなければ、仏教は正式に日本に伝わったとはいえないからである。

少々面倒くさいかもしれないが、ここで仏教の基礎を知っておこう。

まず、仏教の修行には3つの段階がある。これを**「三学《さんがく》」**という。すなわち、次の3つである。

・**戒学《かい》**……戒律（戒と律）を知り、これを守ること

・**定学**《じょう》……禅定（瞑想）の実践法を修めること
・**慧学**《え》……智慧を身につけ、真実を見きわめること

そして、これらを修めるための仏典が3種あり、**「三蔵」**という。すなわち、次の3つである。

・**律蔵**……僧に必要な規則である、戒と律を説くもの
・**経蔵**……ブッダが説いたとされる言葉と教え。いわゆる、お経
・**論蔵**……お経の注釈書や解説書。教義の論説

この**三蔵（すべての経典）を全部修めた僧のことを、三蔵法師というの**である。僧としての最高位にあたり、日本人は過去にひとりしか出ていない（平安時代の法相宗の僧・**霊仙**《りようせん》）。

さて、奈良時代の日本には、まだ三学のうちの「戒」を授ける資格をもった僧侶がいなかった。ということは、いくら仏教の修行をしても正式な仏教徒にはなれないわ

けだ。だから、唐から戒師を呼ぶしかなかったのである。

聖武天皇の招請に応じて、鑑真は日本への渡航を決意したが、当時の海路の旅は非常に危険で、命懸けのものだった。しかも鑑真は、唐の玄宗《げんそう》皇帝から「行ってはならぬ」と引き止められていた。つまり、禁令を犯す密航だったのだ。

そして、5度にわたる失敗ののち、754年にようやく日本に着いたときには、苦難のあまり両眼を失明していたというのだ。鑑真は東大寺大仏殿の前に戒壇を築くと、**孝謙天皇**《こうけん》をはじめ440人に、日本で最初の授戒をほどこしたという。

「宿曜の秘法」で女帝に取り入った怪僧・道鏡の野望

鑑真に戒を授かった孝謙女帝は、父・聖武天皇の悲願だった大仏の造立に関わったこともあり、仏教にはなみなみならぬ思いを寄せていた。そこにつけ込んで、皇室の奥深くにまで入り込んだ僧侶がいた。**道鏡**《どうきょう》である。

皇位を譲っていた孝謙上皇は、あるとき病に伏してしまった。と、そこに**看病禅師**《ぜんじ》として参内《さんだい》した道鏡が、**宿曜**《すくよう》**(密教占星術)の秘法**でもって上皇の病を治してしまうと、上皇は驚き、一気に道鏡のとりことなってしまったのだ。

看病禅師とは、天皇や貴族の病気平癒《へいゆ》を祈願したり、医療や薬学の知識をもって実際に治療を行なった僧侶のことで、先代の聖武天皇が病んだときは126人もの看病禅師を呼んで祈禱《きとう》させたという。道鏡は、そうした技術のある僧だったのだ。

そして、上皇に寵愛《ちょうあい》された道鏡は増長し、宮廷内にてわが物顔でふるまうようになった。これを見かねて、淳仁《じゅんにん》天皇と太政大臣《だいじょうだいじん》の藤原仲麻呂《なかまろ》が意見すると、孝謙上皇は烈火のごとく怒った。そして天皇と上皇は深く対立していったのである。

やがて、危機感を抱いた仲麻呂が乱を起こしたが上皇の軍に誅殺《ちゅうさつ》され、淳仁天皇は仲麻呂をそそのかしたとして皇位を剝奪、淡路島に流された（764年、藤原仲麻呂の乱。恵美押勝《えみのおしかつ》の乱とも）。

かくして孝謙上皇は、なんと**称徳《しょうとく》天皇**として皇位に返り咲くのである。

もはや2人を邪魔する者はいなかった。太政大臣のポストが空いたので、女帝は道鏡を**太政大臣禅師**に就任させた。それだけでも前代未聞だが、さらに翌年には**「法**

王」という、これ以上の上がない地位にまでつかせたのである。

あとはもう、女帝が道鏡に与えられるものは天皇の位しかない。子どものいなかった女帝は、ついに「禁断の領域」に手をつけた。**大仏の守護神である九州の宇佐八幡宮《うさはちまんぐう》から、「道鏡を皇位につけよ」との神のお告げが出たことにした**のである。

ところが、この策謀に気づいた和気清麻呂《わけのきよまろ》の機転で、お告げはウソだったとの公式報告がなされてしまった。女帝は怒り狂って地団駄を踏んだが、もはや打つ手はなかった。そして翌年、失意のうちに称徳天皇は崩御し、後ろ盾《だて》を失った道鏡は下野国《しもつけのくに》（栃木県下野市の下野薬師寺）に流される。一介の僧侶が皇室を乗っ取るという究極の事態は、からくも回避されたのである（宇佐八幡神託事件）。

そして、もうお気づきだろうが、称徳天皇にも「徳」の字がついているのだ。

南都六宗は最終的にどうなったのか

ここまで書いてきたように、奈良時代というのは政争や反乱が多く、奈良の都は大事件だらけだったといえる。日本史の教科書では、律令《りつりよう》国家の体制が整い、天平《てんぴよう》文化が花開いた時代だと記されている。たしかにそういう華やかな面もあったが、中央政府はいつも大混乱状態で、民衆もずっと貧困にあえいでいたのである。

そんな奈良時代の仏教は、**鎮護国家**(仏法によって国の安泰を願うこと)というスローガンのもとに国家の保護下に置かれて発展し、国を守るための法会《ほうえ》や祈禱がさかんに行なわれた。

全国に国分寺《こくぶんじ》や国分尼寺《にじ》が建てられ、**『華厳経』**の教えをもとにした東大寺の毘盧《びる》遮那仏《しやなぶつ》(大仏)が造立され、盛大な開眼供養が行なわれたのである。

僧侶は南都《なんと》(奈良)七大寺(大安寺、薬師寺、元興寺《がんごうじ》、興福寺、東大寺、西大寺、法隆寺)で教学を研究し、南都六宗(三論宗《さんろん》、成実宗《じようじつ》、法相宗、倶舎宗《くしや》、華厳宗、律宗)という宗派が形成されていった。

この時代の重要な僧としては、**大仏造立の資金調達を行なった民間仏教のカリスマ・行基《ぎようき》**(法相宗)がいる。

行基なくして奈良の大仏の
造立は成しとげられなかった

その行基の師匠で、入唐《にっとう》して玄奘三蔵に師事し、日本で最初に火葬された**道昭**《どうしょう》（法相宗）、政権の中枢に入り込んだ学僧の**玄昉**《げんぼう》（法相宗）、華厳教学をきわめた東大寺の初代別当《べっとう》・**良弁**《ろうべん》（華厳宗）、インドから来日して大仏開眼供養の導師となった**菩提僊那**《ぼだいせんな》（バラモン僧）などが挙げられる。

南都六宗は、もともと宗派というよりも、それぞれの教学を学び合う学派の色合いが強く、やがて三論宗、成実宗、倶舎宗は消滅していった。奈良仏教ゆかりの宗派は、現在は以下のようになっている。

・**法相宗**（興福寺、薬師寺）

・**華厳宗**（東大寺）
・**律宗**（唐招提寺）
・**聖徳宗**（法隆寺）……法相宗から独立
・**真言律宗**（西大寺）……鎌倉時代に律宗と真言宗が結びついて成立
・**北《きた》法相宗**（京都・清水寺）……法相宗から独立
・**和《わ》宗**（大阪・四天王寺《してんのうじ》）……単独で独立
・**無宗派**（長野・善光寺）……天台宗と浄土宗が共同で護持

なお、第50代・**桓武《かんむ》天皇**は、あまりに仏教が政治に影響を与えているのを嫌って、**平安京への遷都**を行なった（７９４年）。

ただし、その本当の理由は、みずから処刑した皇太子・早良《さわら》親王の怨霊を恐れてのことだったといわれている。

いずれにしても、ここで奈良仏教は衰退の道をたどることになり、代わって**平安仏教の天台宗と真言宗**の時代がくるのである。

コラム 役小角が感得した「金剛蔵王大権現」

奈良時代の人物でひときわ謎めいた人物といえば、**役小角**をおいて他にはいないだろう。**修験道**（山岳で修行する宗派）の開祖にして、不可思議な呪術を駆使し、日本各地の霊山を開いたともいわれる伝説的な行者である。

国家の管理からはずれて私的に出家した男性の行者を「優婆塞《うばそく》」というが、役小角もまた、役優婆塞と呼ばれていた。時代小説などでは役行者として登場する。

生没年などはほぼ不明だが、とにかく大和国《やまとのくに》の葛城山《かつらぎさん》・金剛山《こんごうさん》で修行し、吉野の金《きん》峯《ぷ》山《せん》山上ヶ岳で**金剛蔵《ざ》王大権現《おうだいごんげん》**という魔神のような姿の神を祈り出したと伝わっている（金峯山寺の国宝仁王門修理勧進《かんじん》のため、この役行者が感得したという秘仏本尊である蔵王権現の特別ご開帳が2012年より10年間、毎年一定期間、行なわれている）。

そして、その影響力を懸念した時の権力者が鬼神を思うままに使役《しえき》し、人々を惑わ

役行者が千日の修行ののちに感得したという
金剛蔵王大権現三体（重要文化財）

したという罪で、699年に伊豆の大島に流罪《るざい》となったと『続日本紀《しょくにほんぎ》』には記されている。

しかし流罪後も、**孔雀明王《くじゃく》の秘法**を用いて自在に飛行し、島を抜け出して富士山に登っていたとか、葛城山と金峯山のあいだに石橋をかけたとか、大和に戻って神仙として昇天した、などというような伝説がのちに生まれた。

こうした不思議な伝説は、のちに神格化されて付加されていったものだろうが、それにしても、とにかく当時から話題の術師であったことは間違いない。

役小角が開いた修験道は、初期の密教

神変大菩薩・役小角

（雑密《ぞうみつ》という）に神道、道教、陰陽道《おんみょうどう》が混ざって成立しているハイブリッドな宗教で、その修行者はいわゆる**山伏**《やまぶし》である。

昔から、日本では山は〝他界〟とみなされ、そこで厳しい修行（十界《じっかい》修行という）を行なうことによって超常的な能力の獲得を目指した。

修験道はまさしく、日本のあらゆる呪術や祈禱法の源流ともなっているのだ。

役小角は没後1000年以上ののちに光格《こうかく》天皇から「神変《じんぺん》大菩薩」の諡号を贈られ、まさしく神仏に等しい存在にまでなった。

修験道ゆかりの山寺などには、右手に錫杖《しゃくじょう》、左手に経巻を持ち、烏帽子《えぼし》をかぶって下駄をはいた老爺が2匹の鬼を従えている像がよく見られるが、これこそが神変大菩薩・役小角の尊像なのである。

2章

密教――その驚くべき「法力」とは

……「怨敵調伏」に用いられた強力な呪術の謎

「密教の教え」は、なぜ秘密なのか？

平安時代は、新しい仏教の時代でもある。ひたすら学問や戒律ばかりの仏教だった奈良仏教と違って、人々の救済を目的とした本格的な**大乗仏教**が登場したのだ。

そして、その大乗仏教のなかでも、ひときわ新鮮だったのが「**即身成仏**《そくしんじょうぶつ》」をうたった**密教**である。

密教は、インド仏教が滅亡する直前に生まれた、仏教の最後の教えで、「秘密仏教」を略して密教という。お釈迦さまではなく、**大日如来という究極の仏が説いた秘密の教え**なのだ。だが、いったいなぜ秘密なのか。

よく、「死ぬ」ことを「ほとけになる」というが、これは、転生していく次の世では悟りを開けるように、戒名《かいみょう》をいただいて仏弟子になります、という意味なのである。

あるいは浄土系の門徒なら、「死んで極楽に生まれ変われますように」ということでもある。極楽に行ったということは、仏になったということだからだ。

だが、密教の教えは違う。**〝今生きているこの身のままで〟ブッダになる**ことを目指す。それを即身成仏というのだ（修行僧が食物を断ってミイラ仏になることを「即身仏」というが、「即身成仏」と誤解しないように）。

◯「印」と「真言」に秘められた意味と力

ともかく、その密教の悟りを開くための修行はたいへんなもので、いってみれば、身体と意識の変容をむりやり引き起こさせるという側面がある。

そのため、普通の人があやまって行なうと非常に危険なことになりかねないので、師から弟子へと直接伝える以外は、秘密としたのである。

その修行は、大きく3つの要素に分かれている。

- **身密《しんみつ》**……身体の所作。両手で「印《いん》」を結ぶこと

- **口密《くみつ》**……口頭の所作。口で「真言」を唱えること
- **意密《いみつ》**……心の所作。瞑想によって「仏」を想起すること

これを**「三密」**という。

真言宗を開いた空海は、**「三密加持《かじ》すれば速疾《そくしつ》に顕《あらわ》る」**と説いている。つまり、印を結び、真言を唱えて、その仏の姿を感得すれば、たちまちその効能が現われるといっているのだ。

若き日の空海自身が、その効能を目《ま》のあたりにしている。

虚空蔵求聞持法――そのハイパーな効力とは

あるとき、**虚空蔵求聞持法《こくうぞうぐもんじほう》**という記憶力を飛躍的に増大させる秘法のことを知り、空海はこれを実践した。それによれば、虚空蔵菩薩の真言「ノウボウ・アキャシャ・ギャラバヤ・オン・アリキャ・マリボリ・ソワカ」を100万回、特別な次第にのっとって唱えれば、膨大な経典をすべて暗記できる力がつくというのだ。

空海が「虚空蔵求聞持法」を修したという御厨人窟

空海は、高知の室戸《むろと》岬《みさき》の洞窟（御厨人《みくろ》窟《ど》）でひとり一心不乱に真言を唱えた。１日１万回で１００日間、２万回唱えても50日かかるのである。それを五穀断ちして、誰にも会わずにすべて唱えきらなければならないのだ。

そして、この過酷きわまる行を完遂したとき、神秘が訪れた。

「谷響きを惜《お》しまず、明星《みょうじょう》来影《らいえい》す」

突然、洞窟全体に荘厳な音がとどろきわたり、巨大なまばゆい光体が眼前に飛来したというのである。

それ以来、空海は完全に人が変わったといわれている。

その後の驚くべき行動と活躍は詳細に記

すまでもないだろう。

密教は、それまでの奈良仏教とは決定的に異なる、実践的な修行体系だったのである。

なぜ空海には〝圧倒的なスケールの大きさ〟があったのか

のちに「弘法大師《こうぼうだいし》」と尊称された空海は、日本仏教史のなかでも、スケールが圧倒的に大きな別格の存在といえる。

ライバルとされた天台宗の最澄が、愚直なまでに仏道修行に邁進《まいしん》する純粋で生マジメなタイプだったのに対して、空海は、仏教以外の怪しげで雑多なものまでをすべて自分のなかに呑み込みながら、今までにない新しいシステムをどんどん構築し創造していく怪物的なタイプだった。

そして空海は、虚空蔵求聞持法を成就《じょうじゅ》したためか、とにかく**やることなすこと天才的**で、**「三筆《さんぴつ》」**（空海・嵯峨《さが》天皇・橘逸勢《たちばなのはやなり》）と称される書の達人であり、その書いた書物や手紙などの漢文も流麗きわまりなく、読んだ者の心を酔わせる名文ばかり。

また、知らないことがないのではないかと思うほど博覧強記で、しかも人を動かす経営の才もあり、大きな土木事業をいくつも指揮したりしていたほどだ。

〝密教の奥義〟のすべてを唐で伝授された空海

博覧強記でやることなすこと天才的だった日本仏教界のスーパースター・空海

ともかくそんな空海は、８０４年、本場の仏教を学んで持ち帰るために、最澄とともに遣唐《けんとう》使《し》船で中国に渡ったのである。

少し年上の最澄はエリートで国家公認の僧だったから唐に派遣されるのは当然だが、当時の空海は素性の知れない田舎坊主だったはずだ。

当然、最澄と空海は、この時

点では面識がなく乗っていた船も違った。

そんな空海が、なぜ遣唐使の留学僧《るがくそう》となれたのか、謎としかいいようがない。しかし、そういう謎めいた部分もまた、空海の魅力のひとつではあるのだが。

入唐してから最澄は天台山に向かい、そこで天台法華の仏教を学んだ。空海は、唐の都・長安（西安）で、最新の教えである密教を学ぶことにした。

さて、長安の青龍寺《せいりゅうじ》にて、真言密教の伝承者（真言八祖のうちの第七祖）である**恵果阿闍梨**《けいかあじゃり》は晩年を迎えており、そろそろ真言秘密の教えを誰かに伝えなければならない状況となっていた。

多数の優秀な弟子はいるが、はたして誰を選ぼうか、非常に悩ましかった。と、そんなときに留学僧として日本から空海が現われたのである。

空海は流暢《りゅうちょう》に唐の言葉を話し、ふつうの僧が20年かけて学ぶ量の経典をあっという間に修得するという驚くべき才能を示した。恵果はわが目を疑った。そして、そのあまりの天才ぶりに、もう空海のことしか見えなくなった。

大日如来の秘密の智慧は、このような大天才にこそ受け継がれねばならない。そう確信した恵果は、現地の高弟たちが「それでは、わが国から密教の正系が失われてしまいます！」と止めるのも聞かず、正統後継者に空海を選び、**灌頂《かんじょう》の儀式**を受けさせたのである。

灌頂とは、あらゆる修行を終えてから、最後に師僧より秘密の印と真言を授かるイニシエーション（秘儀参入）の儀式のことであり、これによって連綿と受け継がれてきた教えが受け渡されたのである。

恵果阿闍梨は、「胎蔵《たいぞう》界の教え」と「金剛界の教え」の両方を受け継ぐ唯一の存在だった。その両方が空海に伝えられ（真言の第八祖となる）、そして一気に日本にもたらされることになった。

この教えは、それまでの雑多な要素の混じった初期密教（雑密という）に対して、非常にシステムアップされ、純粋化された密教だったので、**「純密」**と呼ばれる。

当初、20年間の留学を命じられていた空海は、わずか2年で帰国。それでも、膨大な経典類や法具、曼荼羅《まんだら》などを持ち帰ったのであった。

最澄の弟子たちが完成した「台密」とは

一方、同時に渡唐した最澄はどうだったろう。

実は最澄は、空海よりも1年早く帰国していた。しかも、天台法華の仏教だけでなく、あわただしく密教をも学んできたのであった。現在の神戸に帰着した最澄は、京の都に帰る前に、そこで能福寺《のうふくじ》（能福護国密寺）を開いている。ここが日本最初の密教寺院となったのだ。

しかし、最澄がもたらした密教は不完全なものだった。やはり、当代最高の継承者であった恵果阿闍梨の純密とくらべると、都から離れた辺境の地の密教は何か重要なものが欠けているものであったのだ。

そこでマジメな最澄は、あとから帰国した空海に対して、年下・格下だったにもかかわらず師としての礼をとり、本当の密教を教えてほしいと頼み込んだ。空海も快諾し、最澄は自分の弟子たちを空海のもとに学びに行かせたのである。

しかしあるとき、最澄が『**理趣経**《りしゅきょう》』の解説書ともいえる『**理趣釈経**』という経典を空海に貸してほしいと頼んで断られたことで、両者の関係は悪化する。最澄は弟子たちに引き揚げるようにうながしたが、**泰範**《たいはん》という優秀な弟子がもどらなかった。最澄よりも空海についていきたいというのだ。これによって、最澄と空海の仲は決定的にこじれてしまい、絶交状態となるのである。

しかし、空海はなぜこの経典を貸さなかったのか。実はそれまでも、弟子たちを通じて最澄は空海から経典や資料をいろいろ借りていた。おそらく、自分で直接取りにこないのに資料だけはほしがる最澄に、少しうんざりしていたこともあるだろう。そんなときに、ついに最澄は真言密教の核心に迫る経典にまで手を出そうとしてきた。そこで、

「密教というのは、本の知識だけで体得できるものではない」

と、最澄の姿勢を批判し、訣別したのである。

実際、『理趣経』の教えは、それまで仏教が否定していた男女の性愛を肯定し、そ

の力までも悟りのために転用しようとする**「煩悩即《そく》菩提」**を説くもので、一歩理解をあやまれば〝邪教〟ともなりかねない危険なものであった。師から弟子への口伝《くでん》なしには、とても渡せない経典だったのである。

もともと最澄の仏教は、密教だけに限らない、むしろその対極の顕教《けんぎょう》（秘密ではない仏教）である法華の教えを中心としたものだった。そして、足りなかった密教の部分は、その後、**円仁《えんにん》**、**円珍《えんちん》**という2人の弟子によって唐からもたらされ、天台教学と結びついた独自の天台密教（台密《たいみつ》という）を成立させたのである。

なぜ「比叡山」から新しい宗派が続々生まれたのか

最澄が開いた**比叡山延暦寺《えんりやくじ》**は、平安京の北東の山中にある。なぜこの場所が選ばれたのかというと、ここは**御所の鬼門**にあたるからである。

要するに、もともとここは〝皇城鎮護の寺〟という位置づけの場所だった。平安京に遷都した桓武天皇は、権力が増大した奈良仏教を嫌って、代わりに天台宗を京都の基軸の宗教にしようとしたのである。だから、天台宗は天皇家との結びつきが強くな

比叡山延暦寺根本中堂。最澄の灯した「不滅の法灯」は、秘仏・薬師如来の前で今も輝き続ける

り、天台教学にもそれがよく表われている。

たとえば、比叡山延暦寺の本尊は薬師如来である。法華中心ならば釈迦如来のはずだし、密教ならば大日如来になるはずだが、いったいなぜ薬師仏なのか。

それは、薬師如来の浄土が東方浄土だったからである。つまり、薬師如来とは東方の王であり、同じく東方の日本国の王である天皇に見立てたのである。

また、天台密教の4つの大法《たいほう》（重要な秘法）のうちに「七仏《しちぶつ》薬師法」というものがある。これは、薬師如来を7体並べて行なう特殊な行法だが、この7というのは北斗七星を象徴するものである。

天にあって不動の星である北極星は、古代中国では天帝とされ、皇帝の星とされていた。それを守るように動くのが北斗七星だからである。

話が少し難しくなりすぎたかもしれない。

だが、このように、**密教は〝見立て〟が重要**なのである。

皇居の鬼門をおさえている比叡山が、天皇家（北極星）を北斗七星のように守っておりますよ、という感じだろうか。このように星の意味を重視するのは、もともと中国の道教であり、台密には道教の信仰がかなり入っている。そういう意味でも、少し特殊な密教なのである。

しかも、密教だけの真言宗と違って、比叡山は、法華、禅、戒律、密教、念仏といった多様な教えの総合道場となっていった。つまり、のちの日本仏教のほとんどすべての要素と叡智が、ここに展開したといっていい。

そして、鎌倉時代になると、この比叡山から、浄土宗、浄土真宗、曹洞宗、臨済宗、日蓮宗という新しい宗派が次々と巣立っていく。

その意味で、**比叡山は「日本仏教の母山《ぼざん》」**ともいわれるのである。

曼荼羅――その壮大で複雑な「秘密仏教の体系」とは

ここからは、少し視点を変えよう。

仏教には、密教（秘密の教え）と顕教（秘密でない教え）がある、とすでに書いた。この顕教のほうはストレートな教えが多く、仏像の種類が少ない。たとえば、本尊の仏は、ほぼ次のようだと思って間違いない。

・**法華**……釈迦如来・多宝《たほう》如来
・**禅**……釈迦如来
・**念仏**……阿弥陀如来
・**律**……釈迦如来・毘盧遮那仏《びるしゃなぶつ》
・**法相**……釈迦如来・薬師如来

・**華厳……毘盧遮那仏**

ところが平安時代になって密教が普及すると、急激に仏像のバリエーションは増えていく。それは、**密教の本尊である大日如来**が、すべてを内包する大宇宙の象徴であり、すべての仏が大日如来の一部または変化身とされているからである。

それを象徴するのが、**密教の曼荼羅**だ。

大日如来を中心に、無数の仏尊が整然と配置され、あたかも宇宙図か都市計画図のように勢揃いしている画像である。

「仏像の種類が多い」のは密教の教えと関係している

もちろん、これらの仏尊は適当に並べられているのではない。『大日経』『金剛頂経《こんごうちようきよう》』『理趣経』といった密教経典の教えのままに作成されているのだ。ひとつひとつの位置や順番に、すべて意味があるのである。

そして、**密教の修法《しゆほう》では、そのひとつひとつの仏像に対して、唱える真言や結ぶ印**

世界遺産にも認定された東寺。五重塔には、
空海が唐より持ち帰った仏舎利が納められているという

の種類が違ってくるのである。

だから、密教の寺院には実にいろいろな仏像がある。京都の**東寺**《とうじ》（教王護国寺。空海が嵯峨天皇から賜った、真言密教の根本道場）講堂のように、多くの仏像を整然と配置し、**「立体曼荼羅」**を構成している寺もある。

それらの多様な密教仏のなかには、象の頭をもつ仏像や、狐に乗って翼を生やしている仏像まである。弓矢を持って猪に乗っているものもある。

どうしてこのようなことになっているのかというと、それは、**密教が成立した時代に、仏教がインドの神々を取り込んでしまった**からである。

たとえば、大黒天《だいこくてん》の正体はシヴァ神だし、弁才天《べんざいてん》はサラスヴァティ神、帝釈天《たいしゃくてん》はインドラ神、梵天《ぼんてん》はブラフマー神が原型なのだ。それらを含めた代表的な仏像の種類と意味についいては、本書の4章に記しておいたので、ぜひ参照してみてほしい。

というわけで、真言宗や天台宗の寺は、多種多様な仏像が安置されていることが多い。

現在は別の宗派となっていても、創建のころは真言宗や天台宗だったというような寺も、実は少なくない。そうした寺は、本尊が替えられていても、奥のほうにもともとあった多様な仏像が祀られていたりする

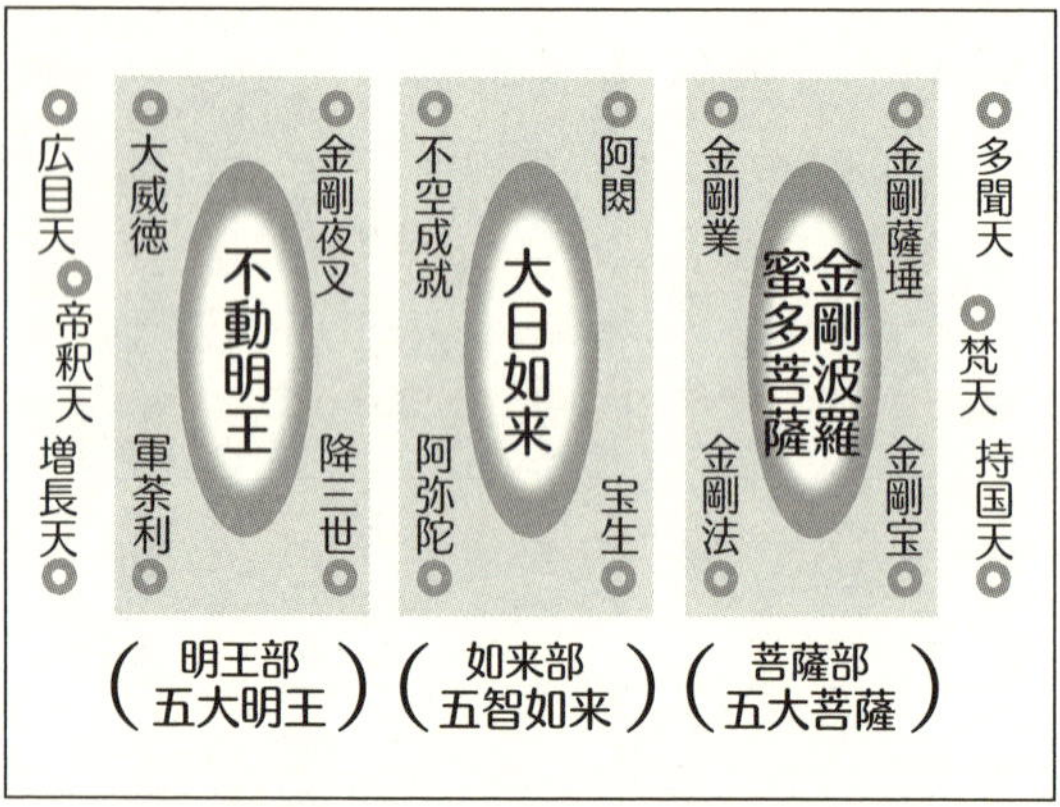

東寺講堂内の仏像による立体曼荼羅配置図

のである。

「胎蔵界曼荼羅」と「金剛界曼荼羅」

密教で最も重要な法具は、**曼荼羅**である。曼荼羅のない密教寺院は絶対に存在しない。曼荼羅といえば密教といっていい。

そして、そのうちの最も重要なものが、**「胎蔵界」**（「胎蔵」とも）と**「金剛界」**の**「両界曼荼羅」**である。密教を知るには、この2つの曼荼羅をよく理解しておくことが必要だ。

この2つの曼荼羅は、それぞれが「大日如来の悟りの世界」を表現しているもので、あえてわかりやすくいえば、**胎蔵界のほうは「悟りの空間的な意味」**を、**金剛界のほうは「悟りの時間的な意味」**を示している。

胎蔵界曼荼羅は、『大日経』にもとづく曼荼羅で、大日如来を中心に放射状に上下左右に仏尊が並んでいることがわかる。

大日如来は**「中台八葉院《ちゅうだいはちよういん》」**という名前の蓮の花の中央に描かれていて、8枚の花びらには、大日如来の分身である4体の如来とそれを補佐する4体の菩薩が描かれている。

この蓮の花が、**大日如来の「悟りの世界」**だ。そして、この大日如来は、両手を膝の上で組んでいる（これを法界定印《ほっかいじょういん》という）。

中台八葉院の上部には、釈迦如来や文殊《もんじゅ》菩薩の世界が描かれている。反対に下部には、炎に包まれた明王像や虚空蔵菩薩の世界がある。そして、向かって左側には、如来の慈悲を表わす観音や地蔵の世界が、向かって右側には、如来の智慧を意味する武器を持った菩薩像が並んでいる。

つまり、大日如来の分身が上下左右に展開していくうちに、慈悲になったり智慧になったりするというわけだ。

そして、その全体を取り巻く外周部分（最外院《さいげ》）には、仏教の守護神となったバラモン教やヒンドゥー教の神々、夜叉《やしゃ》、星神などがちりばめられている。

一方、金剛界曼荼羅は、『金剛頂経』にもとづく曼荼羅で、9つの世界に区切られ

◎胎蔵界曼荼羅の構成

胎蔵界曼荼羅は大日如来が描かれる「中台八葉院」を中心に12の区画(院)に分かれて、それぞれの院に諸尊が配される

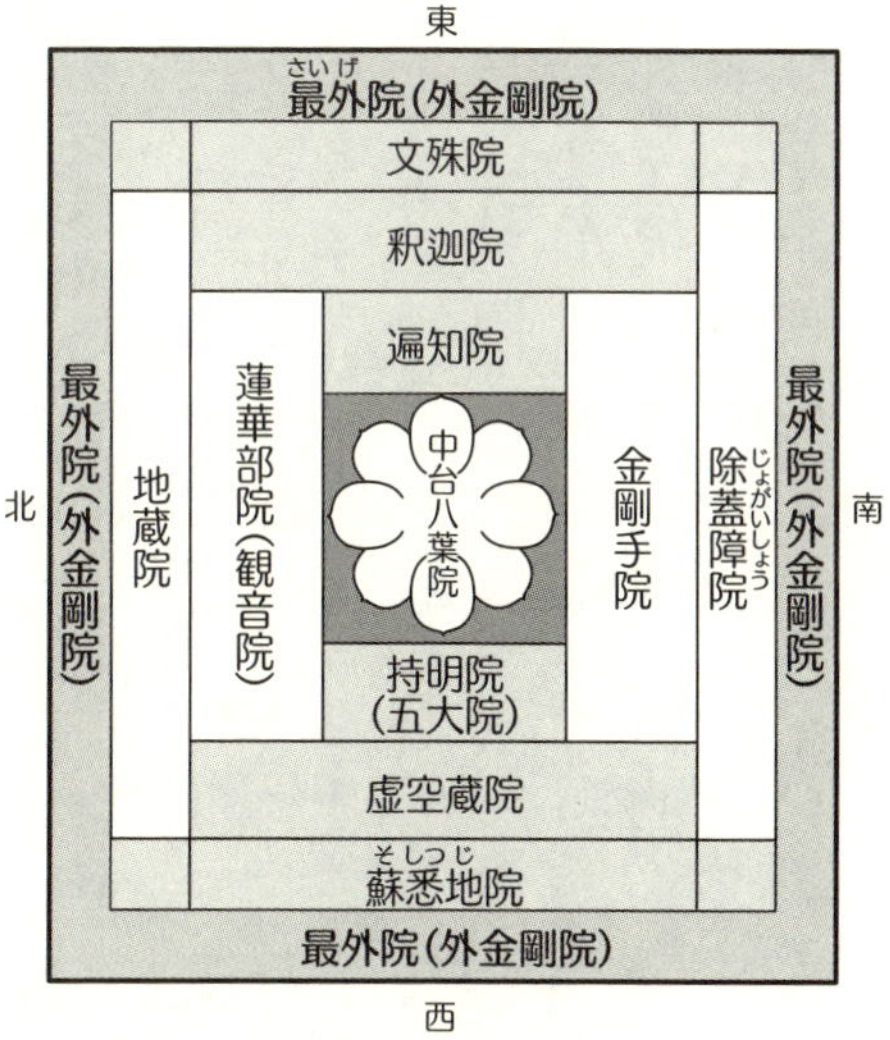

◎金剛界曼荼羅の構成

金剛界曼荼羅は「九会《くえ》曼荼羅」ともいい、「成身会(根本会)」を中心に9の区画で構成されている

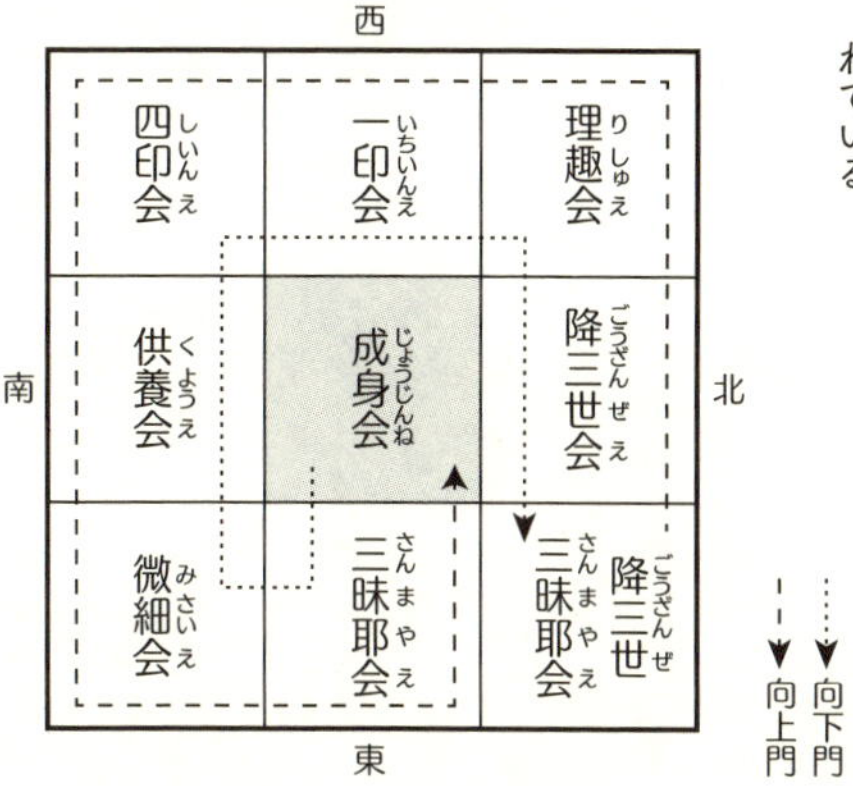

ている。まるで、CGで描いたグラフィックアートのようで、ずっと見ているとめまいがしてくるような図柄だ。

この中央ブロックが**「成身会《じょうじんね》」**といって、やはり**大日如来の悟り**を示している。しかしこちらの大日如来は、左手の人差し指を右手で握って、まるでドロンと消える忍者のような印を結んでいる（これを智《ち》拳印《けんいん》という）。

そして、この成身会は、まずその下のブロック（三昧《さんま》耶会《やえ》）に変容し、以下順次、ぐるっと時計回りに変容していって、最後に右下のブロックにいたるのである。これは、如来の悟りがいくつもの段階を経て、ようやく人間にも理解しやすいレベルにまで降りてきたことを意味する（向下《こうげ》門《もん》）。

密教の修行者は逆に、まず右下のブロックの仏たちを観想して、それを順次脳内で変容させ、最後に成身会の悟りの状態に行き着けるように、自分の意識を徐々に大日如来に近づけていくのである（向上門）。

各ブロックに大日如来が描かれているが、右上の「理《り》趣会《しゅえ》」だけは描かれていない。代わりに、真言八祖のうちの第二祖にして修行者の代表でもある金剛薩埵《さった》が愛欲の女神たちに囲まれている。

つまり、金剛界曼荼羅では、**悟りへの階梯《かいてい》のなかに「欲望の肯定」が秘められているのである。**

◎「即身成仏」を目指す壮絶な修行とは

この曼荼羅の説明は、ちょっとわかりにくかったかもしれない。しかし、実際はもっともっと細かく複雑なもので、しかもそれをもとに行なう行法は、多くの真言や印や動きの所作が必要な、難解きわまりないものなのである。

曼荼羅だけではなく、法具の使い方も細かく覚えねばならない。日々唱えるお経の数もたいへんなものだ。

とにかく**密教というのは、覚えなければならないことが膨大にありすぎて気が遠くなるほど**なのである。だからこそ空海も、記憶力を増大させる秘法を使ってバリバリ吸収していったのだろう。

もっとも、その秘法の虚空蔵求聞持法にしてからが、100日間の過酷な修行なのだからたまらない。やはり、即身成仏（生きたままブッダとなること）を目指すには、ハンパな覚悟ではとてもつとまらないようだ。

とにかく、一人前の密教僧（阿闍梨《あじゃり》という）になるためには、次の4つの修行を必ず積まねばならない。

- **十八道行法**……仏を呼び出して供養するための18の印と真言を学ぶ。6段階あり
- **金剛界行法**……金剛界曼荼羅の行法。8段階あり
- **胎蔵界行法**……胎蔵界曼荼羅の行法。10段階あり
- **護摩《ごま》行法**……護摩の焚き方と行法。5段階あり

この4つを**「四度加行《しどけぎょう》」**という。それぞれの次第書をただ読むだけでも何日もかかってしまうほどの修行だが、これでもまだ〝基礎の基礎〟なのである。この四度加行を、100日間かけて、なんとしてでも習得しなければならないのだ。

そして、晴れて満行の暁《あかつき》には、ようやく師匠から秘密の印と真言を授与される**「伝法灌頂《でんぽう》」**という儀式を経て、密教僧となれるのである。

さて、修行に関することで、何度も「100日間」という言葉が出てきたのを覚えているだろうか。実は、他の宗派でも、ぶっ続けで修行を行なうのは、長くとも100日間までとなっているのだ。天台宗の千日回峰行も、実際には100日ずつに区切って、休み休み行なうことが決められている。

というのも、ふつうの人間は100日以上の難行や苦行には耐えられず、精神錯乱となる危険があるからららしい。そういったギリギリのラインまで追い込まれる修行の世界があるということなのだ。

空海は今も高野山で生きている?

天台宗の比叡山が仏教の総合大学化したことはすでにふれたが、真言宗の拠点となったのは洛南《らくなん》の東寺である。だから、真言宗の密教を「東密」という。しかし、東寺はやはり街中の密教道場であり、真に比叡山と対比すべき聖地といえば、なんといっても**高野山**《こうやさん》をおいてほかにない。

高野山は、比叡山、恐山《おそれざん》（青森県）とともに**「日本三大霊山」**と称される天下の大霊場である。そして、この高野山の奥之院には、日本密教最大の謎がある。

それは、**〝今も空海が生きながら瞑想し続けている〟という霊窟の存在**である。

何をバカな、と思った人も多いだろう。なにしろ空海は１２００年前の人物なのだから。ところが、真言宗では、今でも空海は死んでいないことになっている。そして、高野山奥之院の霊窟の中で、深い瞑想に入りながら未来仏の降臨を待ち続けているというのである。

空海は８３１年に高野山に入って以降、ほとんど山を出ていない。このとき58歳で、当時としてはかなりの高齢で体調も悪化していたらしい。そして、あるときからいっさいの食べ物を断って、ひたすら瞑想する日々を送るようになった。

そして、弟子たちに、

「遠い未来、弥勒菩薩が下生《げしょう》されるまで、私は高野の東の峯で禅定《ぜんじょう》に入ることにする」

と告げて目を閉じ、〝長い〟瞑想に入ったというのである。

弟子たちは東の峯の洞窟の奥に空海を運び、扉を設けて封印した。そして、49日目に開けてみると、空海は置かれたままの姿で端座していたが、ヒゲや髪が伸びていたので切ったという。

それから100年余りたって、醍醐《だいご》天皇の夢枕に空海が立った。これは何かのお告げだろうと驚いた天皇は、空海に「弘法大師」という大師号を贈ることにした。

霊廟の前に朝夕2度の食事を運ぶ僧。
食物の〝気〟だけを空海が吸い取るという

それで、東寺のトップで空海の孫弟子にあたる観賢《かんげん》が、高野山に行って霊窟の扉を開けてみたのである。

すると驚くべきことに、**今も生けるがごとくの姿で座す空海の姿**がそこにあり、髪やヒゲは膝に達するほど伸びていたのだった。

それ以来、1000年以上のあいだ、霊窟の扉は固く封印されたままだ。しかし、朝夕2度の食事が現在でも大師廟《びょう》の前に供されている。もちろん大師は食事はとらないが、扉の前に置いておくと、食物の気だけを吸い取るのだという。

もうひとつだけ書いておこう。高野山は全山が巨大な水銀鉱床の上にある。水銀は毒にも薬にもなる金属で、道教の煉丹《れんたん》術では不老不死の秘薬の材料となるものであった。

晩年に空海の顔には癰《よう》(悪性の腫れもの)ができていたというが、水銀障害だった可能性はあるだろう。そしてそれは、博覧強記の天才が、不死の秘薬を完成させて服用していたからだという可能性も、まったくないとはいえないのである。

コラム　四国八十八ヶ所は「弘法大師の結界」

札所《ふだしょ》巡りの霊場といえば、なんといっても有名なのは**四国八十八ヶ所**だろう。そして、この四国霊場を開いたのが、弘法大師空海だといわれている。

もともと空海は、讃岐国《さぬきのくに》（香川県）の出身だし、修行時代に神秘体験を得た室戸岬は土《と》佐国《さのくに》（高知県）である。

四国は空海と縁の深い場所だったのだ。

さて、四国の霊場を巡る巡礼者のことを**「お遍路《へんろ》さん」**という。何か深い悩みや深刻な状況を打破する祈願のために、あるいは心の安寧のために、お遍路たちは四国を回るのである。

白装束に菅笠《すげがさ》姿で、その笠には**「同行二人《どうぎょうににん》」**と書かれている。これは、お大師さん（空海）と2人で回っています、という意味なのだ。

そのお遍路の元祖というのが、衛門三郎《えもんさぶろう》という血も涙もない極悪人だった。

衛門三郎は、あるとき托鉢《たくはつ》にきたみすぼらしい僧（実は空海）を追い返そうとして鉄鉢《てっぱつ》を8つに割ってしまったが、そのせいなのか、自分の8人の子が次々と死んでしまった。

これに青くなり、深く懺悔《ざんげ》した衛門三郎は、空海に会って謝るために四国遍路の旅に出たのである。

だが、何十回巡っても会えない。そこで今度は順路を逆に巡ってみようとしたが、途中で病に倒れてしまった。

すると死の直前に、ようやく空海の姿が現われ、詫びてから死ぬことができたというのである。

このように、逆回りに巡礼することを**「逆打ち」**といい、通常の3倍のご利益《りやく》があるともされていた。

四国霊場を歩いていると、この衛門三郎のように、**死んだ（高野山で瞑想している）はずの弘法大師に出会うことがある**のだという。

四国霊場を歩いていると
「お大師さんに会える」こともあるという

なんとも不可解な話だが、実際に「お大師さんに会えた」と涙ながらに語る人が今も少なからずいるのである。

四国霊場は、空海が厄年のときに故郷の四国を一周して定めたといわれているが、現在では、阿波国《あわのくに》（徳島県）の23カ寺は**「発心《ほっしん》の道場」**、土佐国の16カ寺は**「修行の道場」**、伊予国《いよのくに》（愛媛県）の26カ寺は**「菩提の道場」**、讃岐国の23カ寺は**「涅槃《ねはん》の道場」**と称される。

これらを巡ることは、曼荼羅の上を歩くことでもあるといわれている。

3章

なぜ「念仏」と「禅」は人々の心をわしづかみにしたのか

……「鎌倉」という時代に舞い降りた仏教界のスターたち

「念仏」の教え——何が画期的だったのか

ここで一度、整理をしておこう。これまでの日本の仏教はいったい誰のためのものだったのか、という点についてである。

まず奈良仏教は、国家を鎮護し安定させるためのものだった。

次の平安仏教は、皇室と貴族を救うためのものだった。

だが、いずれも一般民衆にとっては、仏法はあまりに遠い存在だった。読み書きができない者に経典の意味などわかるわけがない。ましてや、ブッダが説いた悟りの意味だとか、複雑で難解な密教の教義など理解できるはずがなかったのである。

やはり、仏教はパトロンである上流階級のためのもので、社会的な弱者たちに目を向けたものではなかった。

それに、比叡山も高野山も南都も、結局は時の権力者たちと深く結びついていたがゆえに、しだいに腐敗し堕落していき、開かれた当初の高邁《こうまい》な精神が失われていったのだ。高僧たちのなかには、稚児《ちご》をはべらせ、貴族と酒を飲んで騒ぎ、秘密に女を囲う者までいたという。

法然登場！　すべてをなげうち〝民衆のなかへ〟

腐敗、堕落した仏教界に異を唱えた鎌倉仏教の大スター、法然

鎌倉時代、そんな僧侶たちのあり方に失望し、最初に疑問を呈したのが、比叡山の黒谷《くろだに》で修行をしていた**法然**だった。

都の壁の外で貧困や病にあえぐ者たちに届くみほとけの言葉はないのか。女人は成仏してはいけないのか。殺生《せっしょう》をなりわいとする猟師や漁師は、救われることはないのか。文字を知らない者でも実践できる教えは存在しないのか。

……そんな数々の疑問が、胸から吹き出るように湧いて出てきた。

そして、**法然はすべてをなげうって比叡山を下り、民衆のなかに入っていったので**ある。

「アミダさまにすがればいい」という驚きのシンプルさ

その教えは画期的なものだった。

「南無阿弥陀仏」とひたすらに称《とな》えなさい、そうすれば阿弥陀如来のお力によって必ず極楽に往生できる、というのだ。おシャカさまではなく、アミダという仏にただただ、すがりなさいというのである。

このシンプルな教え**（専修念仏《せんじゅ》）**こそが、まず法然が示して見せた「鎌倉仏教」のスタイルだった。そして、このわかりやすい教えは爆発的な人気を呼び、法然のもとには無数の老若男女が殺到し始めたのである。

もともと、この「念仏」という教えは、最澄の弟子の円仁が唐から持ち帰って伝え

『往生要集絵　地獄図』死後、このような目にあわないようにと「念仏往生の教え」が広まった

たものであり、比叡山の奥深く（横川《よかわ》）には専門に修行する僧たちの系譜があった。

　そして、法然よりも200年ほど古い時代、市聖《いちのひじり》と呼ばれた**空也《くうや》上人**は、諸国を巡り歩いて貧民たちのために念仏を称えつづけたという。

　京都の六波羅蜜寺《ろくはらみつじ》には、有名な「空也上人像」があるが、**「称えた念仏の6字がそれぞれ阿弥陀の姿に変じた」**という伝承のままの印象的な彫刻だ。

　さらに、少し遅れて『往生要集』を著した**源信《げんしん》**が念仏往生の教えを説き、**末法《まっぽう》思想の流行**とともに念仏は広まっていった。

　そのころはまだマイナーだった浄土系の

仏教が、法然の登場でいよいよ時代の主役に躍り出たのだった。

神出鬼没に洛中を移動した法然の〝誕生時の奇瑞〟とは

さて、鎌倉時代になって、法然のような新しい仏教の教えが出てくると、おもしろくないのは旧仏教となってしまった側である。

民衆の人気がすごいことになり、それを見た貴族たちもちらほらと法然に色目をつかい始めるようになると、嫉妬もあって憎さ百倍。「おのれ法然、目にモノ見せてくれようぞ！」と、旧仏教側が念仏の弾圧に乗り出したのである。

当時、旧仏教の代表格であった比叡山は、有力貴族のように大きな荘園を持ち、多数の僧兵をかかえていた。寺自体が一大権力を有していたのだ。そして、法然を捕らえるために武装集団を放ったのである。

まるで、民衆のために立ったイエス・キリストが、ユダヤ教徒やローマ兵に狩り出されて、連行されようとしているような状況だった。

ところが、**法然はこれを未然に察知しているかのように、神出鬼没に洛中《らくちゅう》を移動し**

法然は渡来人の「秦氏」の血を引いていた。
写真は秦氏の氏寺、国宝第１号の弥勒菩薩を所蔵する広隆寺

て回り、いとも簡単にするすると追手《おって》をかわして都の外に逃げおおせたのである。武装集団にとっては、狐につままれたようなありさまだった。実はこれは、知られざる法然の闇のネットワークが動いたからだといわれている。

法然の母親は、「秦氏《はた》」の一族の娘だった。武士だった父親は、法然が幼いころに暗殺されてしまい、出家の道を選ばざるをえなかったが、おそらく陰ながらずっと秦氏がその成長を見守っていたのだろう。

渡来人の秦氏は、すでに聖徳太子の時代から日本での地歩を固めており（京都の太秦《うずまさ》が本拠地とされ、その地の**広隆寺**《こうりゅうじ》は秦氏

の氏寺）、各地に八幡神社をつくって宗教的なネットワークを形成していた。

実際、**法然の生まれたときにも二流れの白い幡《はた》が天から降ったなどの奇瑞《きずい》**（めでたいことの前兆）が起こっており、その生涯にも明らかに八幡神との結びつきを示す伝説は多い。秦氏というと神道のイメージがあるかもしれないが、そのころは神仏習合が進んでいた時代で、とくに八幡神社はその傾向が強く、奈良の大仏の守護神ともなっていたほどだ。

また、もともと法然の修行していた黒谷という場所は、「別所」と呼ばれる場所で、ひときわ〝死〟のイメージの濃厚な聖地だった。世俗化していた比叡山のなかでは明らかに異質な、〝往生〟信仰を持つ集団が研鑽《けんさん》を積む地だったのだ。

そうした、秦氏や往生信仰のネットワークこそが、法然の身を守り、旧仏教側の執《しつ》拗《よう》な攻撃をはばんでいたといわれているのである。

「観音のお告げ」で妻帯に踏み切った親鸞

この仏教界のスーパースターだった**法然の教えをさらに純粋化し、それを哲学的な**

までに深化させたといわれるのが、法然の弟子だった**親鸞**である。

法然の開いた浄土宗が、シンプルながらも懐《ふところ》の深い寛容さを持っていたのに対し、親鸞の浄土真宗は、ただただ阿弥陀仏への信仰のみに特化する原理主義への道を歩んだともいわれる。

観音菩薩に「煩悩の解消」と「極楽往生」を約束されたという親鸞

そんな親鸞だが、若いころは煩悩に悩まされ、苦しんでいた。

9歳で比叡山に上って出家し、念仏道場の堂僧となったが、とにかく性欲がおさえられずに悩んでいたのだ。

当時、仏僧は女性と関係を持ってはならなかった。かなり俗化が進んでいたとはいえ、表向きは禁止されていたのだ。

そんなある日、奇跡は起こったのである。

親鸞は29歳のとき、京の街中にある六角堂で100日間の参籠《さんろう》（その場所に日参したり、こもったりして祈ること）を行なっていた。その95日目のこと、夢に本尊の観音菩薩が現われて、こう告げた。

「親鸞よ、お前が欲望に負けて女と関係を持つくらいならば、そのときは、私が女に変身して犯されてやろう。そうすれば、お前の生涯は素晴らしいものとなり、死んだときには極楽に連れて行ってやる」

これには驚いた。なにしろ、**観音さまが「煩悩の解消」と「極楽往生」を約束してくれた**のだから。だったら、山で修行などしているヒマはない。ということで、その翌日、比叡山からすっぱり足を洗って、法然のもとに弟子入りしたのである。

そしてその後、既成宗派8宗からの「専修念仏停止《ちょうじ》」の訴えや、心ない噂のせいもあって、ついに朝廷は、法然を四国に流罪とし、弟子の親鸞は越後に流されている。

このとき、親鸞は僧籍を剝奪され、越後には妻子がついて行ったというから、やはり親鸞は観音さまの約束をありがたく受けて結婚し、子をつくったのである。

以後、親鸞は〝僧でもなく俗人でもない〟おのれの立場を**「非僧非俗」**とし、民衆のための念仏信仰をより先鋭化させる道を歩むことになる。

◯「花のことは花に問え」——踊り念仏のカリスマ・一遍

法然は**「無知で愚鈍の身のままに、ひたすらに念仏せよ」**と説いた。悟りを得るのに、学問や知識など必要ないというのだ。たしかに信仰とはそういうものかもしれない。

そして、親鸞はそれを信じて実践し、**「愚直な心こそが極楽浄土を引き寄せる」**という結論に達した。悩みや苦しみの日々のなかでも、仏に生かされていることがありがたいと思って拝む心が重要なのだと。

このように革命的な教えである念仏信仰は、鎌倉時代中期に、もうひとりの聖者を登場させる。民衆から「遊行《ゆぎょう》上人」とか「捨聖《すてひじり》」と呼ばれて、まるで生き仏のように尊敬され慕われた**一遍《いっぺん》**である。

他の鎌倉仏教の宗祖たちにくらべると、少しネームバリューが足りないかもしれないが、当時の人気は絶大であり、まさに宗教的カリスマとして多くの熱狂的な信徒を生んだのが、時宗の開祖・一遍だった。

法然の孫弟子から念仏を学んだが、むしろ一遍が理想としたのは、法然よりも前に念仏を称えて全国を行脚《あんぎゃ》した空也だった。そして、一遍もまた、決まった寺を持たず、全国を遊行して**「踊念仏《おどり》」**（踊りながら念仏を称える）を広めたのである。

一遍はいっさいの差別をしなかった。だから、病者や貧者だけでなく、当時は差別されていた下層の者たちも、一遍のあとをぞろぞろとついて歩き始めた。

そして、一遍が**「南無阿弥陀仏、決定《けつじょう》往生六十万人」**と書かれた札を配ると、民衆は歓喜して涙した。一遍の小便をありがたがって飲む者さえいたのである。

信濃、高野山、熊野、四国、九州と、全国を渡り歩いた様子は、国宝の『一遍聖《ひじり》絵《え》（一遍上人絵伝）』に詳細に描かれている。熊野では熊野権現が憑《つ》いた巫女《みこ》とも対話している。人も神も区別しないのだ。

行く先々では、**天から花が降るなどの奇跡**まで起こった。みなが感涙し恍惚《こうこつ》とするなか、誰かがその不思議の起こったわけを問うと、一遍は**「花のことは花に問え」**と答えるのみだったという。

まさに生き仏、「阿弥陀如来そのもの」となって歩いた念仏聖だったのである。

「禅」──厳しい修行には理由がある

念仏とならぶ鎌倉仏教のもうひとつの大きな潮流は、**禅**である。

さて、禅寺、といってすぐに思い浮かぶものは何だろう？

もちろん、坐禅のイメージは大きいだろう。目をつぶってじっと座って、少しでも動くと棒で叩かれるというあれである。そのせいもあって、厳しい修行とか、怒鳴られるとか、何かキビキビしていてコワモテな雰囲気があるのは否めないところだ。そして、それはほとんど正しい。

臨済宗、曹洞宗、黄檗宗という3つの禅宗は、どこもやたらに修行が厳しい。**禅宗では、坐禅だけでなく生活スタイルそのものが修行**なので、朝昼晩のあいさつから日常の作法、食事の仕方や睡眠のとり方まで厳密に決められていて、これに従わないとたいへんなことになるのだ。

禅に「なんとなく武闘派」な感じがするのは
少林寺にルーツがあるためだ

禅のルーツは「中国拳法」で有名な、あの少林寺

こうした伝統は、中国の禅宗に由来するもので、そのはるかなルーツは、中国の河南省にある**少林寺**に行き着く。

少林寺というのは、あの**中国拳法で有名な少林寺**のことだ。

唐の時代に、インドから**ダルマ**（サンスクリット語で「法」の意味）という行者がこの寺にきて、坐禅を始め（「面壁《めんぺき》九年」と称され、9年間も坐禅を続けた）、中国禅宗の開祖となり、**達磨《だるま》大師**と称された。

あの赤くて願い事がかなったら目を黒く入れる縁起物の「だるま」は、この達磨が坐禅をする姿がモデルとなっている。

禅が、なんとなく武闘派的な感じがするのは、正しいイメージだったのである。

それにしても、禅宗が少林拳やだるまさんと関係があったなんて、ちょっと意外な感じがしないだろうか。

そして、**臨済宗**、**曹洞宗**は、それぞれの開祖である**栄西**と**道元**が南宋《なんそう》の時代の中国にわたって、臨済禅や曹洞禅を学んできたものだ。

二人とも、もとは比叡山で修行していた天台僧だったので、禅宗も比叡山から生まれたような印象があるだろう。

ちなみに、もうひとつの黄檗宗は、江戸時代に中国から伝わってきた宗派なので、

京都・鎌倉の五山の上に位置する南禅寺。時の権力者の支援を受けた臨済宗は観光地化した大寺が多い

曹洞宗大本山永平寺。ここでは日常のすべてが修行で
食事や掃除はもちろん、眠り方にも作法があるという

天台宗とはなんの関係もない。

現在、京都と鎌倉には、京都五山、鎌倉五山をはじめ有名な臨済宗の大寺がたくさんある。

それに対して、曹洞宗の寺は地方の町や山中などにあることが多い。

昔から**「臨済将軍、曹洞士民」**といって、臨済宗は時の権力者の支援を受けたのに対し、曹洞宗は地方の武家や一般民衆に多く広まったことによるからだ。

なぜ日常のすべてに「厳格な約束事」があるのか

先ほど、生活そのものが修行だと書いたが、たとえば曹洞宗では、

「威儀《いいぎ》すなわち仏法、作法これ宗旨」

と常にいっている。つまり、**姿形の身だしなみは仏法の現われ**であり、**日常の立ち居ふるまいこそが宗門の中心教義**だといっているのだ。

これだけでも、今まで紹介してきた宗派とは、まったく違う価値観を有していることがわかるはずだ。

最も特徴的でわかりやすいのは、食事だろう。禅寺では、食事の調理も給仕も、食することもすべて修行であり、驚くほど細かい作法をもってする食事は、真剣勝負の場でもある。

もちろん、メニューはすべて精進《しょうじん》料理のみ（一汁一菜が基本）。食事中は私語厳禁で、人より早く食べても遅く食べてもいけない。粥《かゆ》や汁を音をたててすすったり、箸や椀を落とすなどもってのほか。要するに、一般的なくつろいだ食卓からは、ほど遠い雰囲気なのである。

こうしたことは、禅の修行道場ではあたりまえのことで、寝起きから、日常の作務《さむ》（掃除などの作業）、入浴、トイレにいたるまで、すべてにわたって多くの厳格な約束事がある。もちろん、読経や坐禅の時間はいうまでもない。

そのような禅僧としての生活スタイルをまず徹底的に叩き込まれ、そのなかで日々の精進を重ねるのである。

ギリギリの緊張感のなかで〝無の境地〟を体感する

こうしたギリギリの緊張感のなかで過ごしていると、悩んでいるヒマなどまったくない。やるべきことは次々にやってくるし、しかも全力であたらないと厳しく叱責され、下手をすると鉄拳や蹴りが飛んでくるのだ。それはある意味、**〝無の境地〟で毎日を過ごす**ということと同義かもしれない。

どんなに忙しくとも、身なりや言葉はしっかりさせる。掃除でも食事でも坐禅でも、その瞬間瞬間を全力投球で行なう。それ以外のことは何も意味がない。そのような日々を何カ月も、何年も過ごしているうちに、いつの間にか**「何ものにもとらわれない心」**が生じてくるという。

経典なども意味がわからなくても、丸暗記して、ひたすら毎日唱えつづけることが重要なのだ。そうしていると、不思議に経文のリズムが身体に沁み込んできて、発声にも気韻《きいん》（気品のある趣《おもむき》）がこもってくるようになり、なんとなく意味まで実感できてきたりするという。

それと同じで、**まずスタイルから入るというのが、禅のやり方**なのである。

「禅問答」の臨済宗、「只管打坐」の曹洞宗

こうした禅のあり方は、武家社会とも非常に親和性があった。いってみれば、禅は武道の精神にどこか通じているからである。

それだけではなく、禅は日本文化のあらゆる部分に通じていた。

たとえば、**茶道**である。

そもそも中国から日本に茶を持ってきたのは臨済宗の栄西だし、茶の湯の祖といわれる千利休《せんのりきゅう》は、大徳寺《だいとくじ》などの禅寺と関わりの深い人物だった。茶席にかける掛け軸も、書かれているのは「一期一会《いちごいちえ》」とか「日日是好日《にちにちこれこうにち》」など、みな禅の言葉（**「禅語」**）なのである。

書道や**水墨画**などもそうだ。これらは、禅僧のたしなみから発展したものだ。その

他、庭園づくりや、俳句なども、禅が深く関わって成立したものなのである。これらに共通するのは、**「精神のスタイル」**ということなのだ。

しかし、そうしたスタイルを重視する禅宗のなかでも、臨済宗と曹洞宗には決定的な違いがあった。

臨済宗は、**「禅問答」**を重視する宗派である。いや、一般には禅問答といっているが、専門的には**「公案」**という。これは、修行者が悟りを開くために与えられる課題（無理難題？）のことである。

曹洞宗のほうは、この公案をほとんど採用せず、**「只管打坐《しかんたざ》」**といって、ただひたすら坐禅をせよ、という。臨済宗ももちろん坐禅はするが、曹洞宗はひたすらにそれだけを追究している。

いってみれば、回答不可能な難問をぶつけることで頭脳をフル回転させ、気づきとひらめきのなかから悟りに導こうとするのが、臨済宗（公案禅という）。

逆に、頭で考えることなど小賢《こざか》しいとして、黙々とする日々の修行そのものを悟りとするのが曹洞宗（黙照禅という）なのである。

だから、**臨済宗からは一休《いっきゅう》さんのような頭脳派の名僧が、曹洞宗からは良寛《りょうかん》さんのような生き方で道を示す傑僧**が出たりするのである。

大きな違いはそこにあるが、それ以外にも、壁に背を向けて坐禅するのが臨済宗、壁に顔を向けて坐禅するのが曹洞宗、などのスタイルの違いがある。

坐禅のときに、なまけ心や眠気をさまさせるのに用いる棒「警策」も、臨済宗は「けいさく」と呼び、曹洞宗は「きょうさく」と呼ぶ。

そのあたりは、おたがいに意地を張ったライバル心があるような気がしてならない。

ほがらかで、のんびりした性格だったという良寛。曹洞宗から出た慈悲にあふれた傑僧である

『法華経』を重視した日蓮の「志」とは

ここまで説明してきたように、鎌倉仏教の特徴は、一般民衆にもわかりやすい方法論を提示していることにある。浄土系の宗派は、ただひたすらに念仏を称えよというし、禅宗はひたすら坐禅せよ、修行せよという。それ以前の旧仏教のような難解で複雑な教学など必要ないというのだ。

そして、鎌倉仏教の最後の超大物、**日蓮**もまた、非常にわかりやすい方法論をひっさげて登場してきた。

日蓮が最も重視した経典である**『法華経』**は、正式名称を『妙法蓮華経《みようほうれんげきよう》』という。するともう、おわかりだろうが、**日蓮系の宗派はすべて「南無妙法蓮華経」の題目を唱えるのである。**

なぜ、日蓮はこれほどまでに〝熱い〟のか

鎌倉仏教の祖師たちはすべて比叡山で修行してから独立していったが、日蓮もやはり比叡山の最奥の地での修行から出発している。

その比叡山の天台宗は、仏教の総合大学的な位置にあったが、最上としている経典は『法華経』なのだった。日蓮は、この天台宗の教えを受け継いでいた。そして、それを過激なまでに先鋭化させ、「法華経原理主義」を推し進めたのである。

いったいどのように過激だったかというと、他の宗派の批判を行なったのである。

それは、次のような主張だった。

・真言密教は国を亡ぼす教えである
・禅宗は天魔のなせる業《わざ》である
・念仏を称える者は無間《むけん》地獄に堕ちる
・律宗は人を惑わす国賊である

つまり、**「真言亡国、禅天魔、念仏無間、律国賊」**という**四箇格言**《しかかくげん》である。このうちの律宗とは、鎌倉時代に隆盛した真言律宗（真言宗と律宗の融合宗派）のことで、奈良の西大寺を拠点として**叡尊**《えいぞん》や**忍性**《にんしょう》などの名僧を輩出していた。

日蓮は、これらの宗派よりもあとから登場してきたので、まず既存の教団を批判する必要があった。でなければ、百花繚乱《りょうらん》の鎌倉仏教のなかで埋没してしまう危険性があったからだ。

そして、お気づきのように、日蓮は天台宗だけは批判していない。ここは自分の出身母体で、同じ『法華経』を奉ずる宗派だったからである。

「処刑の瞬間、白い光が」――龍ノ口での〝驚愕の奇跡〟

さて、これだけ口汚く他宗を批判して、何も起こらないわけがない。

日蓮は幕府へ『**立正安国論**《りつしょうあんこくろん》』を提出した。その内容は、当時起こっていた異常気象、疫病、飢饉は、すべて念仏や禅などの〝邪教〟が流行ったことによるもので、幕府の宗教政策をすみやかに法華のみに変更すべし、と主張するものだった。そしてその1

カ月後に、日蓮の草庵《そうあん》は襲撃され、焼き討ちにされるのである。

このときはからくも逃れたが、その後、日蓮は伊豆へ流罪となる。

2年後に許されて故郷の安房国《あわのくに》（千葉県）にもどろうとするが、その途中でまたも念仏信仰者に襲撃され、左腕と額を負傷。同行の弟子は殺害された。

それでも、日蓮はひるまずに自己の主張をくり返したので、ついに幕府に捕縛されるところとなり、江ノ島近くの龍ノ口《たつのくち》刑場で斬首されることになった（**龍ノ口法難**）。だが、ちょうど首を斬られようとするそのとき、**江ノ島のほうから急に満月のような発光体が飛んできて処刑人の目を眩《くら》ませた**のである。しかも、持っていた刀は3つに折られていて使い物にならなかった。

この不可思議な事態に役人たちは驚き、処刑は中止となったが、日蓮が許されることはなく、今度は佐渡島に流刑となった。

佐渡には3年間流されていた。その間も襲撃されることはあったらしいが、日蓮はみずからの主張をまったく曲げなかったのである。しかし、なぜこのように何度も生命の危険に直面しながら信仰を捨てなかったのだろう。

日蓮が生きた鎌倉中期は、飢饉や天災などが相次ぎ、幕府と朝廷の権力争いがつづくばかりの混乱の時代だった。そのような混乱のなかで、為政者はいたずらに祈禱に頼るばかりで治世の努力を放棄し、人々は現世での救いをあきらめて、もはや来世に望みを託すしかないというような状況だった。

まさに、**時代は「末法の世」の様相**を呈していたのだ。

若き修行者だった日蓮は疑問を持った。

「これだけ仏教宗派が乱立しているというのに、なぜ世の中は乱れるばかりなのか。そもそも、たったひとりのお釈迦さまの教えであるはずの仏法が、なぜこれほど多くに分かれており、しかも優劣を争い合っているのか」

それはきっと、人々を救うことのできる真の仏法が、まだこの国に確立していないからだ。ならば、私がその仏法を築き上げねばならない。——そういう**燃えるような情熱**が日蓮にはあった。そして、法華こそがその道だと確信したのである。

日蓮は、こう高らかに宣言する。

「われ日本の柱とならん、われ日本の眼目とならん、われ日本の大船とならん！」と。

◯「弾圧にあうこと」こそが正義の証？

浄土系の宗派が、どちらかといえば来世の浄土に生まれ変わることを目指したのとは正反対に、日蓮の仏教は、法華の力でこの今の世の中を変革しなければならない、という**革命思想に満ちたもの**であった。

　だから日蓮宗は、時の権力者からは嫌われ、もちろん他宗派からは村八分状態で、その後も何度も厳しい弾圧にあった。

　しかし、そうした**弾圧にあうことこそが正義の証**《あかし》であるように、いつのまにか日蓮の信徒たちはとらえるようになっていった。そして、しだいに教団は巨大化していったのであ

「日本の柱とならん」と志した日蓮

る。

とりわけ京都では、21カ寺の本山がつくられ、都は題目の合唱される巷《ちまた》とまでなっていた。16世紀になると、法華信者たちは洛中の本山を武装化して、京都の自治権を確立。そして、比叡山と日蓮信徒が衝突して、京都一帯が火の海となる事件があった。これを「天文法華《てんもんほっけ》の乱」という。

天文法華の乱で日蓮宗は大打撃を受けたが、不屈の人・日蓮が生んだ教団は、まさに不屈の教団となっていったのだ。

そして今日、いわゆる「日蓮系」を標榜《ひょうぼう》する宗派と団体は、おそらく日本の宗教団体の3分の1近くを占めるまでにいたっている。

いわゆる日蓮宗以外に、日蓮正宗《しょうしゅう》や法華宗という分派がいくつかあり、それ以外にも新宗教の日蓮系教団がおびただしく存在する。

創価学会、霊友会、立正佼成会、本門佛立宗《ほんもんぶつりゅうしゅう》、日本山妙法寺《にっぽんざんみょうほうじ》、佛所護念会《ぶつしょごねんかい》など、すべて日蓮系なのである。

歴史的に有名な人物の日蓮信者も、すごい数にのぼる。

少しだけ、列記してみよう。

加藤清正（武将）、大岡忠相《ただすけ》（奉行）、長谷川平蔵（旗本の〝鬼平〟）、遠山金四郎（奉行）、本阿弥光悦《ほんあみこうえつ》（美術家）、間宮林蔵（探検家）、近松門左衛門（浄瑠璃・歌舞伎作者）、井原西鶴《さいかく》（浮世草子作者）、尾形光琳《こうりん》（画家）、葛飾北斎《かつしかほくさい》（画家）、十返舎一九《じっぺんしゃいっく》（戯作者）、井上日召《にっしょう》（血盟団首領）、石原莞爾《いしわらかんじ》（軍人）、宮沢賢治（作家）……

など、挙げていけばキリがないほどだ。

『法華経』の何が信徒たちを熱狂させたのか

それにしても、**いったい『法華経』の何が、そんなに日蓮やその信徒たちを熱狂させたのか。**

もともと仏教が日本に伝来したころから、『法華経』は日本に伝わっていた。聖徳太子も『三経義疏《さんぎょうぎしょ》』を著して、『法華経』を3つの最重要経典の筆頭としていたくらいだ。その後は、天台宗の最澄が主に法華信仰を広めていた。

そして、空海や道元なども『法華経』については言及しており、ことさらにめずらしい教えではなかったはずなのだ。ならば、なぜだろう。

それは、**『法華経』のなかの「勧持品第十三《かんじほん》」に記された次のような予言**に、日蓮が着目したからなのだ。

「お釈迦さまが滅したのちに、恐怖の悪世がやってくる。われらは、この法華経の教えを広めなければならない。だが、もろもろの無知な人はひどい悪口を言うだろう。それどころか、刀や杖で襲ってもくるだろう。それを耐えなければならない。興奮した大衆だけではなく、世間から尊敬されている聖者までがわれらに迫害を加えてくる。悪鬼に取りつかれた者が、われらを罵《ののし》り、辱《はずかし》めるだろう。しかし、われらは釈尊を敬信して忍辱《にんにく》の鎧《よろい》を着よう。この経典を説くために困難を忍ぼう。われらは命を惜しまない。この最高の教えが失われることだけを惜しむものである」（大意）

つまり、『法華経』の教えを広めようとする者は必ず迫害されるだろうと、『法華経』自体が予言しているのだ。それは〝試練〟だというのだ。

だから、日蓮は自分が罵倒され弾圧を受けるほどに、『法華経』に記されていることとが真実であることを確信していった。もちろん、あとに続く者たちもである。

これこそが、「熱狂的な使命感の秘密」だったのである。

最後にもうひとつだけ、『法華経』の不思議を記しておこう。

この『法華経』は、全28品《ほん》にわたって、「この法華経の教えは最高のもので、これを信じる者には無限の恩恵が与えられる」と説いているが、肝心のその教えの中身については説かれていない。

つまり、『法華経』の教えをひたすら最高だとホメまくるのが『法華経』なのである。

コラム 鎌倉に「お地蔵さん」が多い理由

鎌倉最大の寺である**建長寺**《けんちょうじ》は、本尊が地蔵菩薩となっている。

ふつう、禅寺の本尊は釈迦如来となるはずだが、このような**大本山クラスの禅寺の本尊が地蔵というのは、異例中の異例**といっていいだろう。

ましてや、建長寺といえば鎌倉五山の筆頭の寺なのだ。これは、いったいなぜなのか。

実は、この建長寺が建てられた場所は、それ以前は「地獄谷《じごくがやつ》」と呼ばれる処刑場で、死体を葬る地でもあった。その死霊を弔《とむら》うために伽羅陀《きゃらだ》山心平寺《さんしんぴょうじ》という寺があったが、廃寺となり、地蔵堂だけが残っていたのだそうだ。そのために、建長寺の本尊は地蔵とされたのである。

建長寺だけでなく、鎌倉にはなぜか地蔵菩薩が多く祀られていることに気づく。

「鎌倉二十四ヶ所地蔵めぐり」などという札所まで存在する。

鎌倉市の調査によると、市内には仏教寺院が119カ寺あるというが、その数にくらべても地蔵の数が多すぎる気がする。

それにも、やはり理由があったのだ。

1953年、鎌倉由比ヶ浜《ゆいがはま》の簡易裁判所の用地から、900体以上の人骨が発見された。

これらはほとんどが青年・壮年の男性のもので、戦いのものと思われる刀創や刺創があった。一部の骨には動物にかじられた痕跡もあり、なかには経文らしき漢字が墨書された頭骸骨もあった。

これらは、鎌倉時代の戦乱で埋葬されたと推定されるものなのだ。

さらに近年、由比ヶ浜地下駐車場を建設する際の調査で3000〜4000体の人骨が発見されている。

もともと由比ヶ浜は庶民の遺体放置の場であったらしいが、このような大量の人骨

鎌倉の「やぐら」は、戦死者や武将の首塚だったのか

は戦死者のものと考えざるをえない。

これは、鎌倉という山に囲まれた狭い土地で、大規模な市街戦が行なわれたことによるものだろう。

そういえば、鎌倉に特有の**「やぐら」**（横穴式の納骨窟）には、戦死者や武将の首塚だったと伝わるものも多い。

おびただしい死体が散乱する光景は、まさに地獄そのものであったに違いない。

落ち着いた上品な観光地というイメージの鎌倉だが、その皮を一枚めくると、地下には今も、ネクロポリス（死者の町）が広がっているかもしれないのだ。

4章

こんなにも多くの「仏」がいるのは、なぜか

……「仏像を見る目」が磨かれ、「頼りにしたい仏」がわかる！

「仏像の種類」は大きく分けて4つある

前にも述べたが、仏像の種類はあまりに多岐にわたるため、僧侶か大学の研究者でもないかぎり、まったく区別ができないし、意味がわからない。いや、実は僧侶でもよくわかっていない人が多いくらいなのだ。

そこで、この4章では、**仏たちの種類とその性格**について説明しておこうと思う。京都や奈良、あるいは鎌倉のお寺に行ったときに、これだけ知っていれば、楽しめるレベルが格段に違ってくるだろうというお話である。

まず、仏像の種類は大きく分けて4つあることを知っておいてほしい。

- **如来**……いわゆる仏（悟った人）のこと。ブッダと同義
- **菩薩**……悟る直前の修行者で、人々に救済をほどこす存在

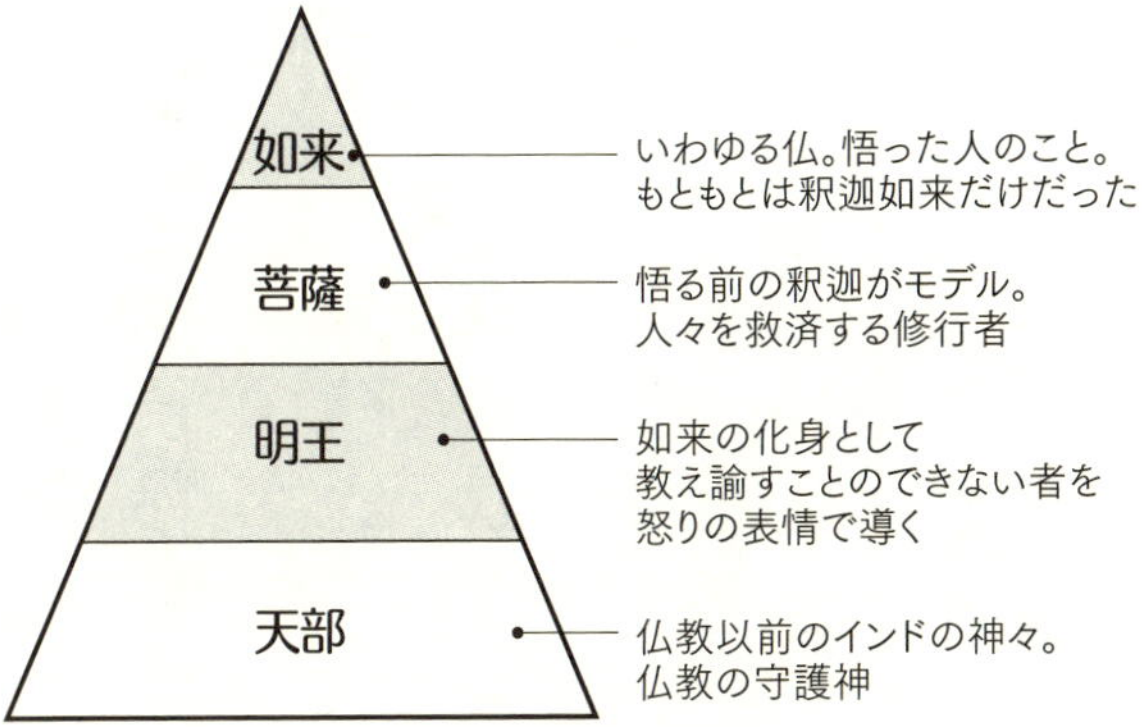
如来
いわゆる仏。悟った人のこと。
もともとは釈迦如来だけだった
菩薩
悟る前の釈迦がモデル。
人々を救済する修行者
明王
如来の化身として
教え諭すことのできない者を
怒りの表情で導く
天部
仏教以前のインドの神々。
仏教の守護神

仏像は大きく分けて4種類

・**明王**……如来の化身で、煩悩や悪に対する〝怒り〟の姿
・**天部**……仏教の守護神たち

この4種を、これから順次説明していこう。ややこしくて、途中で頭がぐしゃぐしゃしてくるかもしれないが、とにかく最後まで読んでみてほしい。

お経と同じで、意味などわからなくてもいいから、とりあえずすべて眺めてみることが大切なのだ。そうすると、そのうちになんとなくわかってくる、というのが仏教なのである。

ということで、まずは「如来」からスタートする。

仏教世界の頂点に君臨する「如来」

如来ってなんだ？　ということから始まるわけだが、インドのサンスクリット語では、タターガタという。**「いっさいを知る智慧に到達した者」**という意味だ。

要するにこれはブッダ（お釈迦さま）のことなのだが、非常に面倒なことに、時代がくだるにつれて、仏教にはいろいろな別のブッダが登場してくるのだ。ということはつまり、いろいろな経典が誕生してきたということでもある。

それがなぜか、ということはあまり考えても仕方がない。そういった超専門的な話題については専門家にまかせて先に進もう。

われわれがとりあえず知らなければならないのは、**5つのメジャーな如来**についてである。**釈迦如来、薬師如来、阿弥陀如来、毘《び》盧《る》遮那《しゃな》仏《ぶつ》、大日如来**の5つだ。それ以外の如来は、専門家だけが知っていればよろしい。

ところが、困ったことに、これらはほとんど同じ姿なのである。悟りを得た存在はみんな似通ってきてしまう、ということかもしれない。まあ、そういっていても始まらないので、どうやって見分けるかをお教えしよう。

釈迦、薬師、阿弥陀、大日……どう違う?

釈迦如来は、すべての基本である。

釈迦如来。ゴータマ・シッダールタのお姿である

他の如来との違いは、**印の結び方**（両手指の形）だ。与願《よがん》印、施無畏《せむい》印、触地《そくじ》印、定《じょう》印、転法輪《てんぽうりん》印の5種があって、この形は他の如来にはあまりない（ただし定印の場合は区別がつきにくい。

ちなみに、定印というのは、坐禅をするときに組む印のことである）。

お寺では、左右に文殊菩薩・普賢《ふげん》菩薩を従えていたり（**釈迦三尊《さんぞん》像**）、弟子の阿《あ》難《なん》と迦《か》葉《しょう》を配していたりする。

釈迦のインド名はゴータマ・シッダールタ、またはシャーキャ・ムニ。

唱え文句は、「南無釈迦牟《む》尼《に》仏《ぶつ》」（顕教）、または「ノウマク・サンマンダ・ボダナン・バク」（密教）。

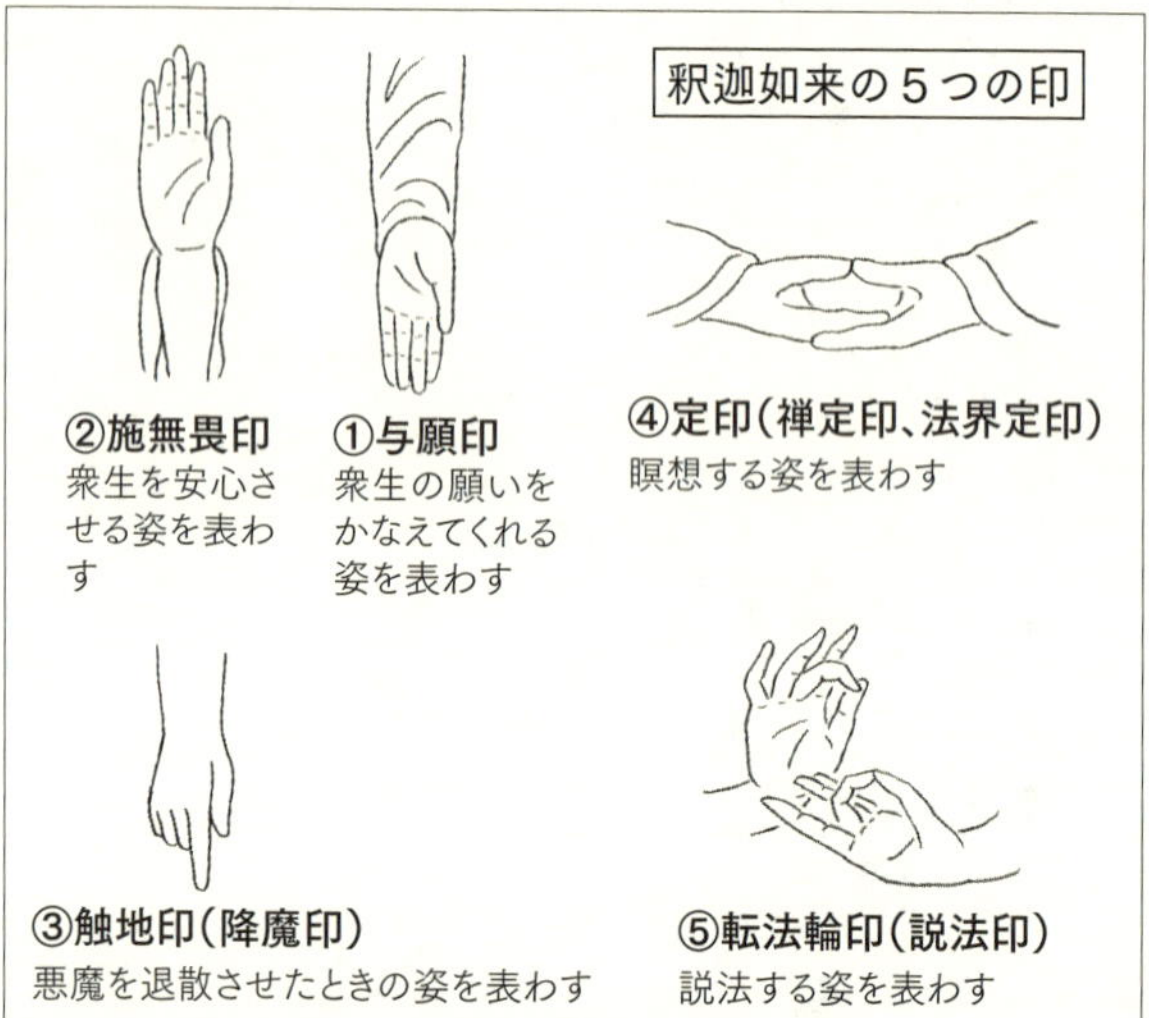
釈迦如来の５つの印
①与願印
衆生の願いをかなえてくれる姿を表わす
②施無畏印
衆生を安心させる姿を表わす
③触地印（降魔印）
悪魔を退散させたときの姿を表わす
④定印（禅定印、法界定印）
瞑想する姿を表わす
⑤転法輪印（説法印）
説法する姿を表わす

薬師如来は、ほとんど釈迦と同じ姿だが、左手に薬壺《やっこ》を持っているのが特徴だ。東方瑠璃光浄土の仏で、人々の病気を取り去って幸福をもたらす仏である。日本では飛鳥・奈良時代に広まった仏なので、古いお寺に祀られていることが多い。

薬師如来。左手に持つ薬壺で病に苦しむ民を救う東方瑠璃光浄土の仏

お寺では、左右に日光菩薩・月《がっ》光《こう》菩薩を従えていたり（**薬師三尊像**）、十二《じゅうに》神将《じんしょう》という怖い顔をした天部の武神たちに取り囲まれていたりしている。

インド名はバイシャジャ・グル。

唱え文句は、「オン・コロコロ・センダリ・マトウギ・ソワカ」。

阿弥陀如来

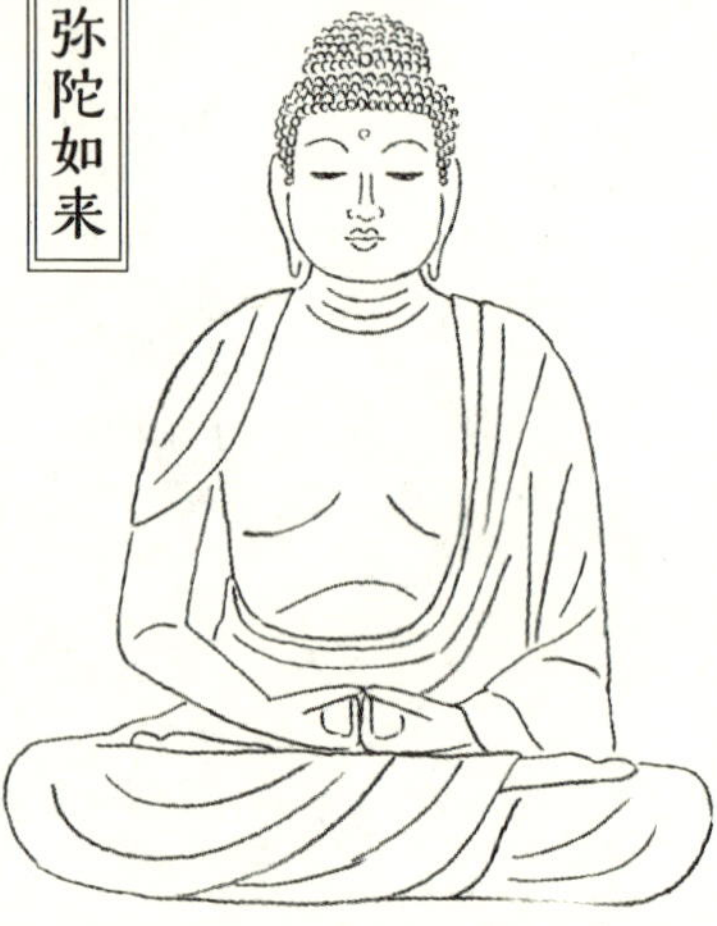

阿弥陀如来。限りない光と命を持つ、西方極楽浄土の仏

阿弥陀如来は、西方極楽浄土の仏である。手の形は9つの印（九《く》品印《ほんいん》）があり、そのどれも両手の親指と人さし指の先をつけて輪をつくっている。

定印が釈迦とまぎらわしいが、よく見ると、やはり親指と人さし指をつけている（鎌倉の大仏が定印の阿弥陀如来である）。

お寺では、左右に観音菩薩・勢至《せいし》菩薩がいたりする（**阿弥陀三尊像**）。

インド名はアミターバ、またはアミターユス。

唱え文句は、「南無阿弥陀仏」（念仏）、または「オン・アミリタ・テイゼイ・カラ・ウン」（密教）。

毘盧遮那仏といえば、東大寺の大仏。
大宇宙そのものを表わすスーパーブッダだ

毘盧遮那仏は、奈良の大仏のことである。その姿は、ほとんど与願印＋施無畏印の釈迦と同じで、区別はつかない。

だから、そこのお寺が「これは毘盧遮那仏です」と主張するならば、「釈迦如来じゃないんだな」と思うしかない。

毘盧遮那仏は『華厳経』に説かれている、大宇宙そのものを象徴するスーパーブッダで、身体からはあまねく光を発している。そして、そこから無数の化身を生み出すともいう。だから、光背にたくさんの化仏があることが多い。

インド名はヴァイローチャナ。

唱え文句は特にない。心に毘盧遮那仏を想うこと。

大日如来。如来としては例外的にデコラティブなお姿

大日如来は、宝冠をかぶっているのですぐわかる。

手の形は、法界定印（胎蔵界の大日如来）または智拳印（金剛界の大日如来）の2種がある。

ちなみに上掲のイラストは智拳印である。

密教の中心仏で、大宇宙そのものを意味する。つまり毘盧遮那仏とまったく同じ仏なのだが、こちらは**〝秘密の教え〟を説く姿**なのである。

インド名はマハー・ヴァイローチャナ。

唱え文句は、「ノウマク・サンマンダ・ボダナン・アビラ・ウンケン」（胎蔵界）、「オン・バザラ・ダト・バン」（金剛界）。

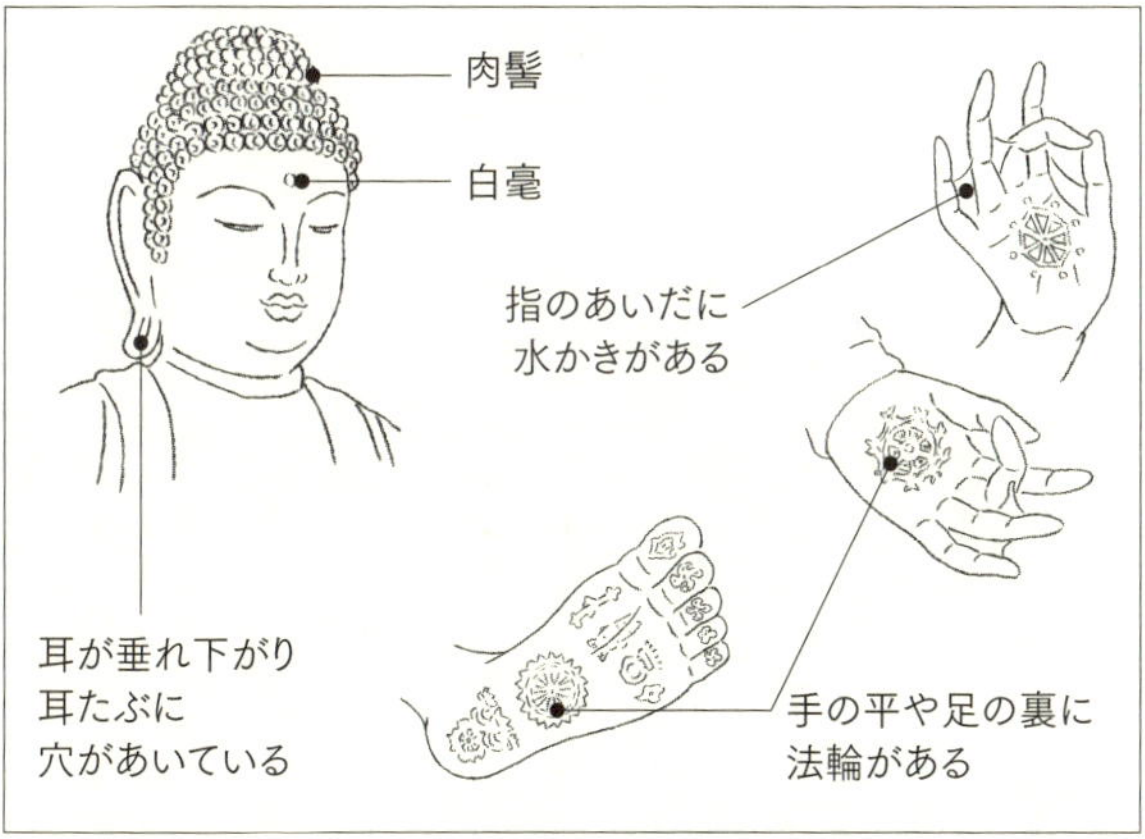

ブッダの目立った特徴は、３２種類もあるという

ブッダ（如来）が示す32の特徴とは

実は、如来の姿がこのように似ているのは、経典に「如来というものは32の目立った特徴と、よく見ないとわからない80の特徴がある」と書かれているからだ。これを、仏の**「三十二相八十種好《しゅごう》」**という。

どういう特徴かというと、だいたい次のようなものだ。

・足の裏が真っ平らで、輪の形の模様がある
・手の指が長く、指のあいだに水かきのような金色の膜がある

・足の甲が亀の背のように盛り上がっている
・直立したとき両手が膝に届くくらい長い
・男根が体内に収納されていて見えない
・体毛の先端がすべて上になびき、右に巻いていて、しかも青い
・身体の全体が黄金色に輝いている
・身体から後光を放っている（仏像の光背はこれを表わしている）
・歯が40本あり、牙が4本ある
・舌が長く、口から出すと髪の生え際に届く
・眼が青く、まつ毛が長く整っている
・頭頂の肉が大きく隆起している（肉髻《にくけい》）
・眉間《みけん》にホクロ状の巻毛（白毫《びゃくごう》）があり、光明を放つ。伸ばすと4・5メートルある
・耳が肩まで届くほど垂れ下がっていて、耳たぶに穴があいている
・のどに3本のしわがある
・鼻の穴が見えない

いかがだろう。仏像にきちんと反映されている点もあれば、なかったことにして無視している点もありそうだ。

なにしろ、これらをすべて忠実に採用すると、ちょっと異様でバケモノめいた像にしかならないからだ。

なんとなく両手が長くて妙なバランスの仏像を見かけたりするのは、仏師が下手だったのではなくて、実は正しい如来の姿だったのである。

究極の仏、一字金輪仏の「禁断の力」

さて、如来編の最後に、究極の如来をご紹介しておこう。

実はそれぞれの如来の頭頂部には「仏頂尊《ぶっちょうそん》」と呼ばれる小さな仏たちがいて、それが仏の智慧そのものであり、最尊にして最勝の仏だというのだ。

そしてその仏頂尊のなかでも、最上位の仏が、**一字《いちじ》金輪《きんりん》仏頂**なのである。

この仏の威力はすごい。なにしろ、一字金輪を拝むと、そこを中心とした周囲の半径5000由旬《ゆじゅん》（35000キロメートル）の内部は、他の法力や呪力がすべて無効化されてしまうというのだ。

たとえば、誰かに呪いをかけられたとしよう。すると、その相手が自分から350キロ以内にいれば、一字金輪法を修することによって、相手の呪いを一発で吹き飛ばすことができるということなのである。

いってみれば、**究極のバリア、最強の結界を張ることができる**わけだ。

しかし、**あまりにその効果が絶大であるため、真言宗では僧のトップである東寺の長者にしか修することが許されなかった**。また、天台宗でも、ごく限られた大寺に秘密に祀られるだけだったという。

現在、残っているのはほとんどが画像（一字金輪曼荼羅）で、仏像の例はきわめて少ない。

有名なのは、**岩手県・平泉の中尊寺にある秘仏**だ（通称を**「人肌の大日」「生身《しょうじん》の大日」**という）。

ほとんど非公開でめったに開帳しない仏像だが、まるで生きているような表情と肌をした、金剛界大日如来の姿に似た像である。

実は、**東京の某寺**にも、この一字金輪仏が秘密に祀られていて、それを知るかぎられた人たちが拝んでいるのを筆者は目撃したことがある。

残念ながら、かたく口止めされてしまったので、それがどこの寺かをここに書くわけにはいかない。が、その様子は実に鬼気迫るものであった。

一字金輪仏の真言は「ボロン」という。

ある秘密の印を結び、秘密の所作をしながら、ただひたすら、「ボロン、ボロン、ボロン、ボロン、ボロン、ボロン……」と唱えつづけるのだ。

その行者が一字金輪仏に何を祈っていたのかはわからない。だが、今もそうした秘密の祈禱がどこかで行なわれているのである。

一字金輪仏の真言「ボロン」の梵字

人々を救済する大乗仏教の「菩薩」

次に、**菩薩**の説明に移ろう。

ここでも、思いっきり平たく説明しておく。

菩薩とは、まだ悟りきっていない救済者のことである。あともうちょっとで完全に悟って仏界に行ってしまうのだが、今はその直前で思いとどまって、この現世で人々を救済してくれているのが菩薩なのである。

だから、もうほとんど如来と同じような存在なので、仏と同じように拝まれているのだ。それどころか、如来が手の届かないくらいの高みにいるので、人々にとっては、身近な菩薩のほうが願い事がしやすいともいえる。

菩薩は、「菩提薩埵《さった》」の略で、インド名はボーディ・サットヴァという。菩提は悟り、薩埵は生きている者という意味だ。つまり、**まだ生きていながら悟りの状態にあ**

る者ともいえるし、**悟りを目指して励む修行者**という意味でもある。そして、みずからの悟りを目指すだけでなく、人々が悟りにいたれるように手を貸してくれるという、ありがたい存在なのだ。

まあ、そんな面倒くさい理屈はいらなくて、日本人にとっては如来と同じように、あるいは如来以上に信仰されているのが菩薩だと理解しておけばいい。

そして、**菩薩は如来と違ってオシャレ**である。

如来がただ簡単な衣をまとっているだけの姿であるのに対して、菩薩はファッショナブルなのである。頭には美麗な冠をかぶり、あるいは髪を高々と結い上げ、腕や脚には宝玉類や飾りをつけて、とにかく華やかな感じで、手にも蓮の花や宝物を持っていたりするのだ。

人気を二分する「観音」と「地蔵」

そんな菩薩界のなかで、とりわけ人気を博している二大巨頭が、**観音（観世音《かんぜおん》または観自在《かんじざい》）菩薩**と**地蔵菩薩**である。

とくに観音は、オトコ社会でコワモテな仏教界のなかでは、女性的で優美な仏として人気が高く、非常に多くの仏像がつくられた。もしかすると日本では、お釈迦さまの像よりも観音像のほうが多いかもしれないほどだ。

しかし、期待を裏切って申しわけないが、観音は男である。インド名のアヴァローキテーシュヴァラは男性名詞で、「勇者」を意味するのである。

そして**観音は、六道のすべての衆生を救う存在**なので、それぞれに対応する六観音がいる。以下に、唱え文句とともに、わかりやすく列挙してみよう。

- **地獄道……聖《しょう》観音**「オン・アロリキャ・ソワカ」
- **餓鬼道……千手《せんじゅ》観音**「オン・バザラ・ダルマ・キリク」
- **畜生道……馬頭《ばとう》観音**「オン・アミリト・ドハンバ・ウンハッタ」
- **修羅道……十一面《じゅういちめん》観音**「オン・マカ・キャロニキャ・ソワカ」
- **人　道……天台宗＝不空羂索《ふくうけんじゃく》観音**「オン・アボキャ・ビジャヤ・ウンハッタ」
  真言宗＝　准胝《じゅんてい》観音「オン・シャレイ・シュレイ・ジュンテイ・ソワカ」
- **天　道……如意輪《にょいりん》観音**「オン・バラダ・ハンドメイ・ウン」

例によって、天台宗と真言宗のライバル心がここでも炸裂しているのか、人道だけが違う観音になっている。また、地獄を担当している**聖観音**は最もスタンダードな観音で、六道すべてを統括しているともされている。

日本でいちばん親しまれている『**般若心経**』にも、「観自在菩薩……」という有名な出だしで観音が登場する。この観自在菩薩というのが観音のことだ。

そして、そのものずばりの『**観音経**』では、六観音どころか33の変化《へんげ》身《しん》として現われるとされており、**33という数が観音のキーワード**となっている。

観音菩薩。３３の変化身で衆生を救ってくださる仏

有名な京都の三十三間堂は、堂内に千体の観音像があるから33間《けん》の長さにつく

地蔵菩薩。その慈悲深さで六道に苦しむ者の救済にあたる仏

られた。また、「西国三十三所」という観音霊場が古くから開かれており、そのほとんどが秘仏で、33年に一度ご開帳されたりしているのだ。

この33カ所をすべて参詣すると、十徳のご利益があるといい、貧者には福を、病者には健康を、短命の者には寿命を与えてくれるともいわれる。

ともあれ、このようにいろいろな姿で人々を救済するのが観音なのである。

そんな華やかな観音さまにくらべると、**地蔵菩薩**はけっこう地味に見えるかもしれない。なにせ、菩薩のなかでは唯一、お坊さんのかっこうをしていて、あまり飾り気がないからだ。

しかし、石仏として小さな祠に祀られていることが最も多いのが、お地蔵さんであることはご存じの通りだ。しかも、六地蔵といって、観音と同様に六道すべてに対応する6体の地蔵が並んでいたりする。**観音と地蔵は、六道で悩み苦しむ者たちすべてを救う慈悲深い仏**なのである。

地蔵のインド名はクシティ・ガルバ。

唱え文句の真言は、「オン・カカカ・ビサンマエイ・ソワカ」という。

知恵の「文殊」、記憶力の「虚空蔵」

その他、よく信仰されているのは**文殊菩薩**だ。「三人寄ると文殊の知恵」ということわざがあるが、そのことわざ通り、**知恵をつかさどる仏**なのである。

経典では、お釈迦さまの代理として登場したり、多くの修行僧たちを導くリーダー的な存在であったりする。とにかく、スマートで知性あふれる人格者、というのが文殊菩薩のイメージだ。そこから、知恵を与える仏として信仰され、学業成就のご利益を期待されるようになっていった。

文殊菩薩。スマートで知性あふれる仏教界の「理想的な修行者」

その姿の特徴は、左手に経巻または蓮の花を持ち、右手に剣を持っていて、よく獅子に乗った姿で仏像となっている。

また、頭には髻《まげ》があって、その髻の数によってご利益が変わるともいわれている。

禅寺では、僧たちが坐禅をしたり就寝したりする僧堂に「聖僧《しょうそう》文殊」という、僧の姿をした文殊像が祀られている。これは、**文殊菩薩こそが理想的な修行者なので、みんなもすべからく文殊を目指すべし**、ということなのだそうだ。

文殊のインド名はマンジュシュリ。

唱え文句の真言は、「オン・アラハシャ・ノウ」という。

その文殊とちょっと姿が似ていて性格もカブるのが、**虚空蔵菩薩**である。

こちらは、2章の空海のところでも書いたように、**絶大な記憶力を与える仏**として長らく尊崇されてきた菩薩である。その意味では、文殊菩薩とともに、受験生にとってはありがたい存在ともいえる。

その姿は、左手に宝珠《ほうじゅ》または宝珠を載せた蓮の花を持ち、右手は剣を持っていたり、手のひらを前に向けて下げていたり（与願印）する。

また、上掲の有名な神護寺《じんごじ》五大虚空蔵菩薩（イラストは蓮華虚空蔵）のような形態もある。

虚空蔵菩薩。「絶大な記憶力」を授ける仏として有名

剣と蓮のバージョンだと、かなり文殊に近い姿といえる。

しかし、決定的に違うのは、5つの仏（五智如来《ごち》）を宿した冠を頭にかぶっていることである。

文殊が頭のバッグンに切れる修行僧というイメージであるのに対して、虚空蔵はもっとはかり知れない感じがある。**宇宙の巨大な記憶庫が、ぎゅっと凝縮してひとりの仏になったような感じ**といったらいいだろうか。

記憶力を増大させる虚空蔵求聞持法は、空海だけでなく、鎌倉時代の日蓮も千葉・清澄寺《せいちょうじ》での修行時代に完遂していたらしい。

インド名は、アーカーシャ・ガルバ。

唱え文句は、「オン・バザラ・アラタンノウ・オンタラク・ソワカ」という。求聞持法の特別な真言は、2章に記した通りである。

56億7000万年後に現われる「弥勒」

菩薩編の最後は、遠い未来に仏となることが予定されている**弥勒菩薩**である。

仏教では、お釈迦さまが入滅《にゅうめつ》(死去)してから、ずっとこの世は無仏の時代が続いているということになっている。しかし、それではあんまりだというので、観音や地蔵が懸命に働いて人々を救けているのだが、どうも彼らの能力ではオーバーワーク気味であるらしい。

やはり、早く次のブッダに登場してもらわないと、この世はいずれ仏法もすたれて崩壊してしまうだろう。

と、そういう人々の無意識の願いが結集して、この弥勒菩薩の登場につながったのかもしれない。

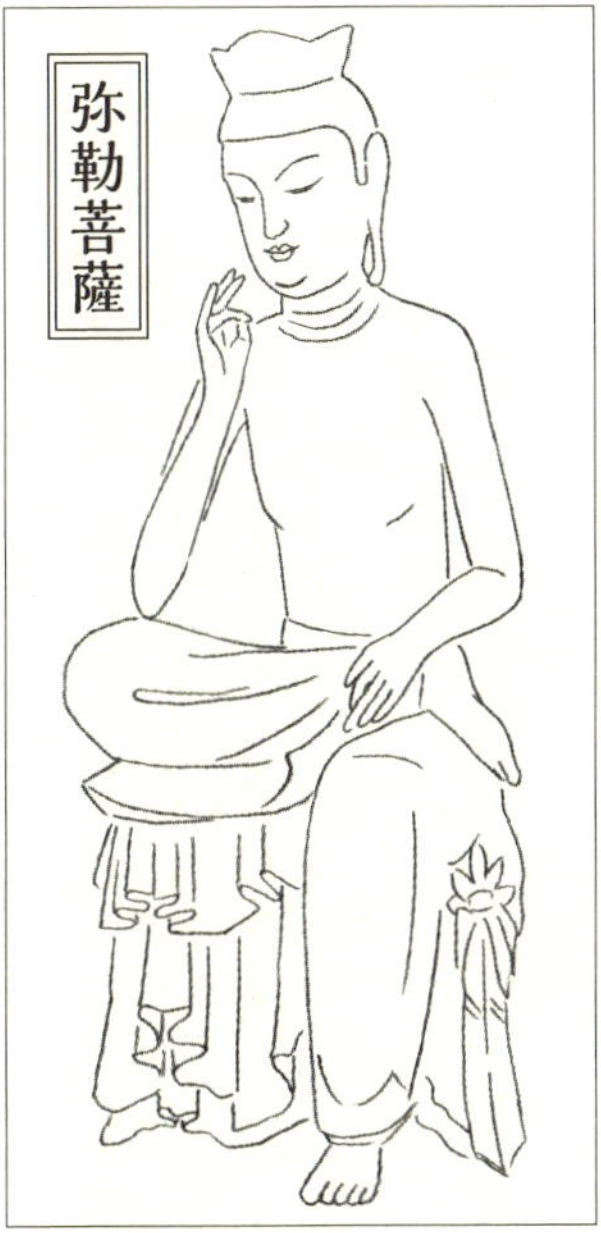

弥勒菩薩。
56億7000万年の修行中

ともあれ、弥勒は、大いなる悟りを目指して兜率天という天界で修行中なのだそうである。

そして、その修行は**56億7000万年**という気の遠くなるような時間がかかるとされている。

仏像としては、国宝第1号に指定された**広隆寺の半跏思惟像**《はんかしゆい》（片脚を上げて坐り、深い瞑想に入った姿）がなんといっても有名だ。

はるかな未来に「弥勒如来」となるために、弥勒は今も人々の行く末を見つめているのである。

インド名は、マイトレーヤ。

唱え文句は、「オン・マイタレイヤ・ソワカ」という。

如来たちの「怒れる姿」を表わす「明王」

さて、ここからはだんだん怖い世界に入っていく。

俗に、「仏の顔も三度まで」などというが、いつまでも仏たちが慈悲深い顔をしてばかりいると思ったら大間違いだ。仏教には、「怒り」をもって悟りに導こうとする恐ろしい存在もあるのだ。

明王こそは、まさに人々の煩悩を嚙み破り、怠惰で愚かな心を打ち砕くためにやってくる、畏怖すべき**如来たちのメッセンジャー**なのである。

その姿は、まさに魔神そのもの。初めて日本にやってきたキリスト教の宣教師たちが、寺で明王像を見て仰天し、日本人はみな悪魔を拝んでいると思い込んだほどだ。

明王はインドでは、ヴィディヤー・ラージャという。「呪文の王」というのが、その呼称の意味で、まさに**呪文（真言）の力によって心の三毒（むさぼり・怒り・愚か**

さ）を徹底的に断滅せんとする存在だ。

そして意外かもしれないが、**明王は如来の化身**（教令輪身《きょうりょうりんじん》という）でもある。**如来が怒りをもって教え示す姿が明王**なのである。

誰もが知っている最も代表的な明王は、**不動明王**だろう。それも当然で、不動明王は密教の最高の尊格である**大日如来の化身**なのだ。

しかし、ご存じのように、その姿は柔和な如来からはほど遠いものである。怒りに満ちた目は左右別のところを見ており、片方をすがめている。牙が上下たがい違いに出ていて、身体は青黒く、右手に剣を、左手に縄を持ち、背にはガルーダ鳥が羽ばたくような形の火炎（迦《か》楼《る》羅《ら》炎《えん》という）が広がっている。

だが、よく見るとその頭上には蓮の花が開いている。これこそが、実は不動明王は悟りを開いている証なのである。

不動明王は、密教では必須といっていい修法の本尊であり、護摩法の際もほとんどの場合、不動明王を本尊としている。それも、**あらゆる魔を打ち破る強大な力**を、こ

不動明王。密教の最高仏・大日如来の化身である

の明王が有しているからに他ならない。

インド名は、アチャラ・ナータ。

真言は、「ノウマク・サンマンダ・バザラダン・センダ・マカロシャダ・ソワタヤ・ウンタラタ・カンマン」（慈《じ》救《く》呪《しゅ》）という。

そして、不動明王はいわゆる**五大明王の中心仏**でもある。

この五大明王は、それぞれ金剛界曼荼羅の五仏の化

軍荼利明王。阿修羅、悪鬼から人間を守る五大明王の一尊

身なのである。

以下に、その関係を示しておこう。

- **中央→不動明王**（大日如来の化身）
- **東方→降三世《ごうざんぜ》明王**（阿閦如来の化身）
- **南方→軍荼利《ぐんだり》明王**（宝生《ほうしょう》如来の化身）
- **西方→大威徳《だいいとく》明王**（阿弥陀如来の化身）
- **北方→金剛夜叉《こんごうやしゃ》明王**（不空成就《ふくうじょうじゅ》如来の化身）

ただし、天台密教では、北方を**烏枢沙摩《うすさま》明王**とする場合がある。この明王は穢《けが》れを祓《はら》うとされていて、よくお寺のトイレに祀られていたりする。

いずれの明王も、顔や腕や目がたくさんあったり、ものすごい形相だったりで、何も知らない人が見たら、怪物か魔物にしか見えないだろう。

仏像としては、京都の東寺（講堂）に国宝の五大明王像が立体曼荼羅となって配置されているのが有名だ。

不動明王以外の明王の真言を、それぞれ記しておく。

降三世明王「オン・ソンバ・ニソンバ・ウン・バザラ・ウンハッタ」

軍荼利明王「オン・アミリテイ・ウンハッタ」

大威徳明王「オン・シュチリ・キャラロハ・ウンケン・ソワカ」

金剛夜叉明王「オン・バザラ・ヤキシャ・ウン」

烏枢沙摩明王「オン・クロダノウ・ウンジャク」

愛欲肯定の「愛染明王」と魔を喰らう「孔雀明王」

密教で明王といえば、ほとんどは先に挙げた五大明王のことなのだが、いくつかそれとは別の特殊な明王もいる。

ここでは、そのうちの特に有名で広く信仰もされている2つの明王を紹介しておこう。

壺の上に乗った丸い日輪のなかに座している、真っ赤な身体の**愛染明王**《あいぜん》は、**「煩悩即菩提」**のことわりを示す明王である。

と、ひと言で表現してしまうと、なんだか難しそうだが、要するに「愛欲こそが悟りへの手段となりうる」ということである。

仏教ではふつう愛欲や性欲は、人を堕落させ智慧を失わせる〝煩悩〟そのものであるとして、否定の対象となるはずのものだ。

ところが密教では、愛欲は人間の本能に根ざすものなので、根絶することなどできない。それよりも、その**愛欲のエネルギーを昇華させて悟りに導く力にしよう、**と考えるのである。

そのための秘密修法の本尊となりうるのが、愛染明王なのである。

しかし一般的には、その名前から「恋愛・縁結び・夫婦円満」をつかさどる仏として信仰されており、愛染は「藍染《あいぞめ》」に通じるということで、染物や織物の職人の守護尊ともなっている。

また、愛欲を否定しないことから、遊女や水商売の女性たちにも昔から信仰されていた。

愛染明王。「煩悩即菩提」のことわりを示す明王。愛欲・性欲を昇華させ、悟りに導くエネルギーを持つ

密教的には、胎蔵界で最高の明王が不動、金剛界で最高の明王が愛染であるとされていて、大日如来の左右に不動明王と愛染明王を配することもある。

そのくらい特別な明王なのである。

インド名は、ラーガ・ラージャ。

真言は「オン・マカラギャ・バゾロ・ウシュニシャ・バザラサトバ・ジャクウン・バン・コク」。

孔雀明王。密教的な超能力を開花させる力を持つとされる

金色のクジャクに乗った、身体が真っ白な**孔雀《くじゃく》明王**は、**修験道の役小角が尊崇した明王**である。

そして、明王であるのに唯一、怖くない。まるで如来や菩薩のように美しく優美な顔をしている。

それもそのはずで、もとはインドの女神であるといわれ、さらにそのルーツははるか西方のミトラ教の天使にまで行き着くともいう。

そういえば、ミトラ教の流れを汲むクルディスタン（クルド人が住む地域）のヤズィディ教では、今でもマラク・ターウース（孔雀天使または孔雀の王）という謎の神を主神としている。

ともかく日本では、役小角が孔雀明王の呪法を使って数々の奇跡を起こしたという逸話から、**密教的な超能力の本尊**と目された。

また、孔雀は害虫や毒蛇を食べることから、災厄や苦痛を取り除き、人の心の三毒（むさぼり・怒り・愚かさ）を食べ尽くしてくれる明王ともされたのである。

魔を喰らうことから、除魔法として孔雀明王の真言を唱える行者も少なくない。

インド名は、マハー・マユーリー。

唱える真言は「オン・マユラ・キランディ・ソワカ」だ。

最大の力を持つ謎の「大元帥明王」

明王編の最後に、とんでもない力を持つ究極の明王を紹介しておこう。

密教の口伝によれば、この明王はあらゆる仏や菩薩の集合体ともいわれ、この世で最も恐ろしい姿をしているという。それが、**大元帥明王**《たいげんすい》である。真言宗では伝統的にスイを省いて「タイゲン明王」と呼び、またその修法も大元帥法（タイゲンのほう）と称している。

大元帥明王。〝密教界最大の大秘法〟を修する際の本尊。「最強にして無敵」とされる明王

「大元帥」というと、「なんだ、戦前の天皇陛下のことじゃないか」と思う人がいるかもしれないが、その呼称はまさに大元帥明王からのものだ。**最強にして無敵**とされるこの明王の名から取られたのである。

その姿には、いくつかのバージョンがあるのだが、最上位のものは十八面三十六臂《ぴ》、つまり18の顔と36本の腕を持つという異形の像である。

残念ながら、日本国内では造像された気配がなく、何枚かの画像のみが伝わっている。なかでも最高の出来とされるのが、**京都の醍醐《だいご》寺《じ》**所蔵のものだ。

高さ4メートル近くの巨大な掛軸に描かれたその大元帥明王画像は、見る者に衝撃を与えずにはおかない。

実際の仏像としては、**奈良の秋篠寺《あきしのでら》**に、**毎年6月6日にだけ開帳される秘仏の大元帥明王像**がある。こちらは一面六臂の立像《りゅうぞう》なのだが、この尊像もまた、見るだけでノックアウトされそうな、ものすごい威圧感がある。

この恐ろしい明王を本尊とする修法は、怨敵降伏《おんてきごうぶく》を祈るためのものである。

つまり、国家の一大危機のときのみに修される、密教界最大の大秘法なのである。平将門《たいらのまさかど》の乱や蒙古襲来のとき、そして第二次世界大戦の末期にも、いくつかの大寺でその秘法は修されたらしい。

インド名は、アータヴァカ・ヤクシャ。

真言は「ノウボウ・タリツ・ボリツ・ハラボリツ・シャキンメイ・シャキンメイ・タラサンダン・オエンビ・ソワカ」という。

仏教世界のガードマンたち「天部」

いよいよ仏教では最下層のランクに位置する、**天部**の説明に入る。

天部は、六道のうちの天道にいる者のことで、輪廻の最上位クラスにあたる世界の住人たちだ。

ちなみに「天」は、空《そら》のことではなくて、神を意味する。つまり**天部とは、インド神話に登場する神々のこと**なのである。この神々は、仏教世界の住人となるにあたって、**仏教の守護神**となる誓いを立てたのである。

そのなかでも特に有名なのは、七福神に参加している**大黒天、弁才天、毘沙門天**《びしゃもんてん》のトリオだろう。彼らは、民間信仰のなかではいつの間にか〝福の神〟となって、笑顔で宝船に乗っているイメージばかりあるようだが、仏教界ではちょっとばかり感じが違う。順に説明していこう。

大黒天。ヒンドゥー教の破壊神シヴァの別名。
戦国武将が戦勝祈願をしたデンジャラスな魔神

大黒天は、インド名をマハー・カーラという。これは、ヒンドゥー教三大神のひとりである**破壊神シヴァ**の別名だ。そんな危ない神がなぜ福の神になったかというと、日本の大国主命《おおくにぬしのみこと》と習合したからだ。これは、「大黒」と「大国」の音がダイコクで共通していたという単純な話によるものらしい。あの烏帽子をかぶって打ち出の小槌《こづち》を持ち、袋を肩にかついでいる大黒天は、大国主命の姿なのである。

しかし、本来の大黒天はもっと恐ろしい感じで、三面六臂に逆立つ髪、ドクロの飾りをつけた魔神の姿なのである。

それもあって、**戦国武将の戦勝祈願などの本尊**となっていたのだ。

真言は「オン・マカキャラヤ・

弁才天。芸能や技芸の女神

ソワカ」という。

弁才天は、インド名をサラスヴァティという。もともと河の女神だったのが、弁舌の神と習合して、**芸能や技芸の女神**となった。

その姿には2種類ある。

ひとつは2本の腕の天女の姿で、琵琶《びわ》を持っている。

もうひとつは8本腕で剣や宝珠を持ち、頭上に蛇神（宇賀神《うがじん》）を乗せて、鳥居のついた冠をかぶっている、ちょっと不気味な姿（宇賀弁才天）である。

日本では、スサノオの娘にあたる市杵《いちき》嶋姫《しまひめ》と習合したので、広島の宮島や琵琶湖の竹生《ちくぶ》島《しま》、神奈川の江ノ島などに祀られ、島の守り神となった。さらに、江戸時代には漢字を「弁財天」と変えて、財運をつかさどる神にもなった。

このように、どんどん習合して変容していく**千変万化の女神**なのである。

真言は「オン・ソラソバテイ・エイ・ソワカ」という。

毘沙門天は、インド名をヴァイシュラヴァナという。次の項目で説明する**四天王のひとり**で、北方の守護神だ。

毘沙門天（別名・多聞天）。槍や剣の他に、小さな宝塔を持つのが特徴

インドでは財宝神だったが、日本では武神のイメージが強い。

その姿も甲冑《かっちゅう》に身を包んでいて、槍や剣の他に小さな宝塔を持っているのが特徴だ。

この毘沙門天には家族がいて、妻が吉祥天《きちじょうてん》、子が善膩《ぜんに》師《し》童子《どうじ》だ。この吉祥天が最初は七福神に夫とともに入っていたのだが、あとから参加した弁才天がその美しさに嫉妬して追い出したのだという説がある。

真言は「オン・ベイシラマンダヤ・ソワカ」だ。

ちなみに、この大黒天・弁才天・毘沙門天が合体した像がある。これを**三面大黒天**といい、**財運・勝負運・出世運のつく超強力な守護神**とされてきた。かの豊臣秀吉がこれを守り本尊としたことによって、天下人になれたという伝説があるのだ。

仏像界では超有名な四天王

仏教宇宙では、世界の中心に**須弥山**《しゅみせん》というとてつもなく高くて巨大な山があり、そこに天部の神々は住んでいる。

その須弥山の中腹には、東西南北に出っぱっているベランダのような場所があり（四大王衆天《しだいおうしゅてん》）、その四方それぞれにいるのが**四天王**である。

東方にいるのが**持国天**《じこくてん》（ドリッタラーシュトラ）。

南方にいるのが**増長天**《ぞうじょうてん》（ヴィルーダカ）。
西方にいるのが**広目天**《こうもくてん》（ヴィルパークシャ）。
北方にいるのが**多聞天**《たもんてん》（ヴァイシュラヴァナ）で、別名を毘沙門天という。
4神とも勇ましく甲冑を着て、武器などを持ち、多くは邪鬼を踏んだ姿で表わされている。

広目天。四天王のうちの一神。東大寺戒壇堂の広目天は〝イケメン〟として特に有名

四天王の信仰は日本では古く、飛鳥時代から仏像がつくられていた形跡がある。

聖徳太子の創建とされる**大阪の四天王寺**は、神道派の物部氏を破るために太子がみずから四天王を刻んで祈ったことが起源なのである。

また、奈良の東大寺は正式名称を「金光明四《こんこうみょうし》天王護《てんのうご》国之《こくの》寺《てら》」という。これは、『金光明最勝《さいしょう》王経《おうきょう》』にもとづいて四天王の力で国を守るための寺として創建されたからだ。

その**東大寺戒壇堂の国宝の四天王像**は、仏像界では超有名な名品である。

そして、どれもおっかない顔をした武神像なのだが、巻物と筆を持ったシブい表情の広目天だけは〝イケメン仏像〟として、もっぱら仏像女子たちの人気の的になっているらしい。

「取り扱い厳重注意!」の聖天、荼枳尼天

天部の神々は、個性派ぞろいなので、取り扱いが非常に難しいとよくいわれる。だから、きっちり基本の修行を積んだ僧が行なわないと、危険なことになりかねないので、修法は秘密とされることが多かった。

そしてそのなかでも、とりわけ厳重な注意を要するといわれる天部が、**聖天**《しょうでん》と**荼枳**《だき》**尼**《に》**天**《てん》なのである。

聖天は、正式には**大聖歓喜**《だいしょうかんぎ》**天**《てん》という。

その姿は異様で、象の頭を持っている。しかも、ほとんどの場合、男天《なんてん》と女天《にょてん》が抱き合っている双身《そうじん》像となっている。「歓喜天」という名は、その**性的なモチーフ**からきているようだ。

聖天。取り扱い厳重注意の神。その効験は強大で、半端な覚悟で祈ることは許されない

その効験《こうげん》はあまりに強大で、聖天に祈ればかなわない願いはないとまでいわれる。

ただし、聖天は祈りを捧げる者に中途半端な覚悟は許さない。

少しでも穢れをもた

らしたり、いい加減なことをしたりすると、非常に怖い目にあうというのだ。

とにかく、いろいろな意味でパワーが強すぎるので、十一面観音が女天となって慰めて力を安定させている姿が、双身像だというのである。

そうしたせいもあってか、**聖天法を修するのは特別な行者だけ**であり、**尊像もほぼすべて秘仏**として公開されることはない。行者がひとりで夜中に行法を修するときのみ、厨子の扉が開けられるのである。

インド名は、ナンディーケイシュヴァラ、またはガネーシャ。

真言は「オン・キリク・ギャク・ウン・ソワカ」。

荼枳尼天は、人の死を6カ月前に知ることのできる神だという。

もともと人の血肉を喰らう女鬼だったが、あるとき大黒天に退治されて仏教の護法尊となり、人の心臓だけは食べるのを許された。

だから、荼枳尼天に願いをかけると、その人が死ぬまではよく護ってくれる。だが、**死んだときには心臓を捧げなければならない**という。

人の心臓には「人黄《にんおう》」という生命力の源があり、それが茶枳尼天の呪力のもととなっているのだ。

その姿は、**剣と宝珠を持った天女が狐にまたがっている**、というのが一般的だ。

しかし、弁才天や聖天と合体して翼をつけた異形の尊像となっていることもある。

また、日本の稲荷《いなり》神と習合して、穀物神となった側面もある。

インド名は、ダーキニー。

真言は「オン・キリ・カク・ソワカ」。

茶枳尼天。誓願すると、死後に心臓を捧げなくてはならない

天部の王様・帝釈天と阿修羅の戦い

帝釈天はインドの雷神。阿修羅とは激しい戦闘を何度もくり広げてきた

天部には他にもたくさんの神々がいる。名前だけでも挙げておくと、摩利支天《まりしてん》、鬼《き》子母神《しもじん》、閻魔天《えんまてん》、梵天《ぼんてん》、日天《にってん》、月天《がってん》、地天《じてん》、水天、火天、風天、大自在天、八大龍王《りゅうおう》などが一般にも知られているところだろうか。

その**天部の王**として、須弥山の山頂の宮殿（忉利天《とうりてん》の善見城《ぜんけんじょう》）に座しているのが、**帝釈天**《たいしゃくてん》だ。

フーテンの寅《とら》さんが産湯をつかったという柴又の**題経寺**《だいきょうじ》は、帝釈天を祀ることで有名だが、そのようなユーモラスな感じはいっさいない。

阿修羅。興福寺の阿修羅立像は愁いをたたえた少年のようなお姿

帝釈天とは、ゴータマ・ブッダより古い時代の**インドの雷神**である。

ヴァジュラという強力な武器（稲妻のことか）で敵を打ち砕き、空と風を支配する神だ。

阿修羅とは、何度も激しい戦闘をくり広げて勝利している。

この帝釈天と阿修羅の戦いの場のことを**「修羅場」**というのである。ちなみに阿修羅とは、元は魔神の通称だったが、仏教に取り入れられてからは、仏法を守護する鬼神のひとつとなった。

帝釈天のインド名は、インドラ。

真言は「オン・インドラヤ・ソワカ」という。

阿修羅のインド名はアスラ。

真言は、「オン・アスラ・ガラ・ラヤン・ソワカ」である。

コラム 人はなぜ「秘仏」に惹かれるか

秘仏とは、信仰上の理由によって、非公開となっている仏像のことである。

たいていの場合は、厨子の中に入れられて扉を固く封印されている。そして、年に一度、あるいは何年かに一度、ご開帳といって公開されるのだ。なかには、60年に一度とか、100年に一度しか公開しないものもあり、見逃すともう一生見ることができないという仏像も少なくない。

そして、今まで一度も公開されたことのない**「絶対秘仏」**というものもある。

たとえば、次のようなものだ。

- **浅草寺の本尊・聖観音像**
- **善光寺の本尊・阿弥陀三尊像**
- **三井寺《みいでら》の金堂の本尊・弥勒菩薩像**

・東大寺二月堂の2体の十一面観音像
・粉河寺《こかわでら》の本堂の本尊・千手千眼観音像

法隆寺夢殿の救世観音も絶対秘仏だったが、1章でも書いたように、明治時代に扉が開けられ、今は毎年春秋の2回ずつ公開している。

延暦寺根本中堂の薬師如来像も長らく絶対秘仏だったが、1988年、2000年、2006年に扉を開けたらしい。

東寺の御影堂《みえいどう》の不動明王坐像は、学術調査で一度だけ開けられて国宝指定されたが、それ以降はまったく公開されていない。

京都・法輪寺《ほうりんじ》の本尊・虚空蔵菩薩像は、今まで大正天皇が一度拝観したのみで、それ以外は誰も見ていないという。


実は、秘仏というシステムがあるのは日本のみで、他の国の仏像が非公開になることはない。

それもそのはずで、もともと仏像は仏教の教えをわかりやすく広めるためにつくら

浅草寺の『観音経写経』に刷られた本尊・聖観音のお姿「柳御影」

れたもので、宣伝しなければ意味がないからだ。

では、なぜ日本には秘仏があるのか。それは、神道の影響を受けているからである。

神社のご神体は、神霊が宿るものなので一般公開はされない。

そして日本の場合、神仏習合の影響もあって、仏像にも魂を込める儀式をほどこすようになった。つまり仏像のご神体化である。

秘仏とは、神聖化されたあまり、ついに神霊を宿すにいたった仏像なのである。

5章

「奇跡の霊験」を示した異能の僧侶たち

……仏教の〝凄み〟と〝深さ〟はここに極まる！

驚異の法力を見せた「異能者」の系譜

1章から3章にかけて、日本仏教の流れを急ぎ足で見てきた。そして、4章では代表的な仏たちの説明を行なった。

はて、何か足りないような気がする。そうだ、**ものすごい法力を駆使した異能の僧侶たちの話**を忘れていた。日本仏教には、開祖たちだけではなく、驚くべき霊験《れいげん》を世に現わした者たちがたくさんいたのである。

また、それだけではなく、仏法を追求するあまり、とんでもない方向に走った異端者たちもいた。彼らは、**呪術の究極の姿**を目指して、とてつもない体系をつくり出し、凄惨《せいさん》な弾圧の憂き目にあったと見られている。

仏教の〝凄み〟と〝深さ〟を実感してもらうためにも、本章では彼らのエピソードをいくつか紹介しておきたい。

鬼に変身した比叡山のカリスマ・元三大師

まずは、**天台宗の中興の祖**といわれた**慈恵《じえ》大師良源《りようげん》**だ。

と、正式な名前を書いてもほとんどの人は知らないだろうが、良源は正月の三日に亡くなったので、俗に**元三《がんざん》大師**と称され、天台宗関係者のほとんどがそう呼んでいる。「お大師さん」というと、かなりの確率で真言宗の空海（弘法大師）のことを指していると思われがちだが、そうでないこともある。

たとえば、有名な関東の**佐野厄除け大師**は、元三大師を祀ったお寺なのである。

さて、その元三大師のお像が非常に怖い。有名なのは比叡山の像だろうが、子どもが見たら泣きだしそうなほど恐ろしい顔つきである。こういうと語弊があるかもしれないが、まるで殺人鬼にでもにらみつけられているような像なのだ。

そういえば、２００９年に東京の**深大寺《じんだいじ》**でも秘仏の元三大師像が公開されたことがあったが（25年に一度、御開帳される）、これまたとても人間とは思えないような異様な像だった。

天台座主に昇りつめた「高徳の僧」の〝傑出した呪力〟とは

なぜまた、そんなエラい高徳のお坊さんを〝化け物〟のように表現したのかというと、この人はふつうの僧ではなかったからである。

平安時代の後期に第18代の天台座主《ざす》となった良源は、比叡山の綱紀粛正《こうきしゆくせい》を行ない、乱れた規律を取り締まった。そして、たび重なる火災で失われた堂舎を再建したり、学問の論議の場を創設したりと、八面六臂の活躍をした傑僧であった。

また、お寺や神社などに置いてあるお札の占い、いわゆる**おみくじの元祖**も実はこの元三大師だといわれている。

しかし、良源のすごさは、そうした「オモテの業績」だけではない。「ウラの呪術者」の顔があった。

はっきりいえば、この人は超能力者だったのだ。

○災難を未然に知る「不思議な能力」

たとえば、こんなことがあった。966年に天台座主に就任後、比叡山の戒壇院で受戒会《じゅかいえ》が行なわれることになった。

これは、座主になって最初の盛大な法会だったので、全山の僧が総出で準備を行なった。そして、多くの参列者が集うなか、いよいよ良源座主が戒壇院に入場しようとしたときのことだ。

良源は、突然に入るのをやめ、くるりと引き返した。そして、この受戒会をしばらく延期すると宣言したのである。いったい何が起こったというのか。

はるばる遠方からきた来賓のなかに

魔を降伏させる鋭い眼光の元三大師像

は、あからさまに怒りだす者もいた。説明もなしに、今日は中止だから帰れと言われたのだから当然だろう。

ところが、**全員が引き上げた直後、戒壇院の南門が轟音《ごうおん》を立てて倒壊した**のである。もしも予定通り、法会を続行していたら大惨事となるところだった。良源の目には、はっきりと南門の倒れる様が見えていたのである。

このようなことは一度や二度ではなかった。**あらゆる災禍を未然に知る、不思議な能力**を良源は持っていたのだ。

また、このようなこともあった。

良源の像は異形のものばかり残されているが、記録によれば、非常に美男だったという。だから、宮中に出仕などすると、女官たちがぞろぞろとついてきてしまって、困ることもあるほどだったようだ。

ちょうど平安文化の爛熟《らんじゅく》期で、美僧がブームとなってもてはやされるような時代だった。そのせいか、寺の風紀は乱れるばかりで、高僧が稚児や女人と通じたりすることも当たり前となっているようなご時世だった。良源はそのような風潮がきっと許せなかったのだろう。

あるとき、良源は女官たちの集まる前で、

「ひとつ座興に変化《へんげ》の術をお見せいたしましょう」

と言って、ふっと瞑目《めいもく》すると、いきなり奇怪な鬼神の姿に変身して見せた。2本の角を生やして牙をむき、凶悪な両眼をカッと見開いて、今にも襲いかかってきそうな恐ろしい姿だ。女官たちは驚いて、悲鳴をあげながら逃げだした。あとには、ただ薄く微笑んでいる良源がいるばかりだった。それからは、女たちは良源に近づくことをためらうようになったというのである。

最強の魔よけのお札「角大師」

良源が鬼に変じたことはよくあったようで、弟子たちが鏡に映る良源の姿を見て腰を抜かしたこともある。

そのとき良源は、瞑想の三昧《さんまい》

の状態（心が統一され、安定した状態）に入っていたようだが、映った鏡像は完全に鬼の姿で、これを描いた絵が**「鬼大師」**とか**「角《つの》大師」**として、今や**「比叡山最強の魔よけのお札」**にまでなっているのだ。

「比叡山三大魔所」の筆頭とは？

良源は死後、比叡山最奥の横川の地に墓所がつくられた。そこは人もほとんど訪れることのない山奥で、**元三大師御廟《みみよう》**という。

俗に「ミミョウ」と称して恐れられ、**比叡山三大魔所の筆頭**とされている聖域だ（ちなみに、あとの2カ所は、「ひとつ目ひとつ足の魔怪」となって修行僧を監視していたという尋禅《じんぜん》を祀る慈忍和尚廟《じにんかしょうびょう》、そして天狗の住処《すみか》といわれる天梯《てんだい》権現の祠である）。

さて、江戸時代、この元三大師御廟に河内国《かわちのくに》（大阪府）のある農民が参拝したことがあった。すると、そののちに近畿地方を集中豪雨が襲い、大洪水で農村は甚大な被害をこうむった。ところが、大師廟を拝んだその農民の田畑だけは、不思議に無事だった。

それは、豪雨と大水のなかで、30人ほどの小さな者たちが田畑を守っていたからだというのだ。もちろん近所にそんな子どもたちはいない。

これは、きっと元三大師のおかげに違いないと、農民がお札まいりに比叡山をふたたび訪れると、寺の執事に事もなげにこう言われたというのである。

「それは、お大師さんが、観音の三十三身に変身して助けてくれたのでしょう」

それ以来、今度は良源の姿を小さく33体描いたお札が**「豆大師」**として大流行し、今でも五穀豊穣、商売繁盛の札として比叡山で刷られている。

死してなお人々を救いつづけるという元三大師は、まさに弘法大師に匹敵するような存在なのである。

元三大師が観音の三十三身に変身した姿を表わす「豆大師」

平安京の大法師・浄蔵貴所

「平安時代の三大超能力者を挙げてみろ」

ともし言われたら、かの有名な大陰陽師《おんみようじ》の**安倍晴明**《あべのせいめい》はまあ当然として、残る2人は誰だろう。私ならば、先ほど紹介した**元三大師良源**、そして、残るひとりは**浄蔵貴所**《じょうぞうきしょ》を挙げてみたいところだ。

実は、この3人は平安中期のほぼ同時代人なのである。もしかしたら、面識くらいはあったかもしれないが、残念ながらそうした記録は残っていない。

そういえば、京都の晴明神社（安倍晴明の邸宅跡）の近くにある**一条戻橋**《いちじょうもどりばし》は、晴明の使役していた式神《しきがみ》が住んでいるという伝説で有名になったようだが、そもそもなぜここが戻橋と呼ばれるようになったか、ご存じだろうか。

鎌倉時代の仏教説話集『撰集抄《せんじゅうしょう》』に、こんな話が記載されている。

○死者をよみがえらせた「一条戻橋」伝説

９１８年に、菅原道真のライバルだった漢学者の**三善清行**《みよしきよつら》が亡くなった。その葬列がちょうどこの橋を通ったときのこと、熊野で仏道修行をしていた清行の息子が駆けつけて、父の棺にすがって泣き悲しみ、神仏に祈りだしたのである。そしてすると、突如雷鳴がとどろきわたり、なんと死んだはずの父が生き返った。そして父子は抱き合って喜んだというのだ。

それ以来、この橋を「戻橋」と呼ぶようになったというのだが、その父をよみがえらせた息子こそ、浄蔵貴所なのである。

このように、浄蔵は**常人ではない力を持つ僧侶**だった。

貴族で漢学者の子だったが、みずからの意思で7歳にして出家。12歳のときに、その才能に驚いた寛平法皇《かんぴょうほうおう》（宇多天皇《うだてんのう》）が、比叡山に上らせて受戒させたという。すると、仏法だけでなく、悉曇学《しったんがく》（梵字、サンスクリット語の研究）、天文学、医術、弦《げん》歌《か》などまで、その奥旨《おうし》をあっという間に修めるにいたった。要するに天才だったのだ。

しかし、なかでも法力に関しては、他に抜きん出るものがあったようだ。いくつかのエピソードを以下に紹介しよう。

霊縛法、予知能力……その傑出した法力

当時の京の都では、毎年7月15日に修行者が集まって**「霊角《りょうかく》」**という法力を戦わせる催しがあった。ある年、浄蔵もこれに出場したが、そのときの対戦相手は「神霊の力を持つ」と称する者だった。

2人は大きな石を前にして対峙《たいじ》した。まず浄蔵が石に対して祈念すると、なんと石はうねうねと動きだし、ついに躍り上がって浮遊した。負けじと相手の行者が祈り返すと、今度は石はぴたっと止まって動かない。

それで、両者が互いに念じ合っていると、石はぐらぐらと振動し、ついに真ん中からぱかっと割れて、それぞれ2人の前に転がってきたという。

このあまりの不可思議に、観衆はただ驚嘆するばかりだったという。残念ながら、

そのときの相手の名は伝わっていないが、やはり相当の力を持つ術者だったに違いない。

浄蔵が京の八坂《やさか》の法観寺《ほうかんじ》に滞在していたとき、数十人の盗賊が侵入してきたことがあった。日も暮れてみなが寝静まった真夜中のことだったが、それに気づいた浄蔵が真言を唱えて九字《くじ》（護身法の秘呪として用いられる9個の文字）を切ると、盗人たちは突然に手足が動かなくなり、まるで枯れ木のようになって立ちすくんでしまった。進むこともできず、逃げることもできないのだ。

これは**修験道に伝わる「霊縛法」**というやつだ。やがて夜が明け、浄蔵が呪縛を解いてやると、立ちっぱなしで疲労困憊《こんぱい》していた盗賊らは、いっせいに倒れ込んだ。しばらくして回復した彼らは、浄蔵にひれ伏して詫び、ほうほうの体《てい》で逃げ去ったという。

光孝《こうこう》天皇の第一皇子の是忠《これただ》親王（南院の皇子）が病に倒れ、多くの僧侶たちに加持祈禱させたが、そのかいもなく、3日後に亡くなってしまった。このとき召し出されたのが浄蔵である。自分の父親を蘇生させたのだから、皇子も復活させられるのではないかと望みを託したのだろう。哀訴された浄蔵が、不動明王の火界呪《かかいしゅ》をもって加持すると、なんとみごとに皇子は息を吹き返した。ただし、4日後にふたたび亡くなったという。

のちに醍醐天皇が病を得たときも、浄蔵は御所に呼ばれて祈禱したが、そのときは**「帝の御病気はやがて癒えるだろうが、しかし来年、宮中に火災が起こる」**と予言した。そして、その通りになったのであった。

傾いた「八坂の塔」を祈禱の力でまっすぐに！

このような浄蔵のエピソードを書いていたらキリがない。

他にも、蛇となって藤原時平《ときひら》に取り憑いた菅原道真の怨霊を引きずり出したり、平将門の反乱を大威徳明王法によって降伏したりしたという、信じがたいような話も伝わっている。

天暦《てんりゃく》の大旱魃《かんばつ》のときも、雨乞いの修法で雨を降らせたというから、本当に超人的な人物だったのだろう。

だが、浄蔵を最も有名にしたのは、**傾いた「八坂の塔」を祈禱の力でまっすぐに直した話**だろう。

今や京都の東山のシンボルになっているこの法観寺の五重塔は、なぜか不安定に傾いていて、しかも東に傾いたり西に傾いたりしていた。その傾く方角によって、不吉なことが起こるとまでいわれていたのだ。そこで、ついに浄蔵が八坂の塔に祈念することになった。

『八坂法観寺参詣曼荼羅』より。巨大に描かれているのが浄蔵だ

その噂は京中に伝わり、貴賤男女誰ひとりとして見物しない者はなく、塔の周りは群衆に取り巻かれることとなった。

浄蔵は、2人の童子を左右に置き、塔に向かって持念を行なった。

すると、にわかに西方から風

が吹いてきて塔は揺れ始め、その震動で屋根に吊るされた宝鈴が鳴りだした。

しかし、やがて傾いていた塔は見る見るまっすぐになり、垂直となって静止したのだった。これを目のあたりにした大観衆は、感嘆し狂喜して浄蔵の偉大さを讃えたという。


そんな浄蔵は、66歳のときに思うところあって妻子を捨て（浄蔵は僧侶だが妻帯していた）、山伏となって諸国を巡拝したという。その姿は今でも、京都の祇園祭《ぎおんまつり》の山鉾《やまぼこ》のひとつである「山伏山」の御神体人形として見ることができる。

また、**金閣寺の入場門のすぐ近く**には、**「浄蔵貴所の供養塔」**と呼ばれる石塔がひっそりと建っている。

ここが**知る人ぞ知る京都の強力なパワースポット**であることを、最後に書きそえておきたい。

江戸の〝ゴーストバスター〟祐天上人

平安時代のスーパー僧侶を2人紹介してみたが、いかがだっただろうか。

こうした話はなかなか痛快でおもしろいのだが、しかし、この調子で各時代の超人列伝をどんどん書いていったら、別テーマの本になってしまう。そこでこの際、鎌倉・室町・戦国時代は一気にすっ飛ばすことにした。

本書に欠けているのは、なんといっても江戸時代の話である。そこで、もうひとりだけ、なんとしても紹介しておきたい僧がいるのだ。

それは、**江戸最大の〝ゴーストバスター〟祐天上人《ゆうてん》**である。

徳川家の菩提寺である**芝の増上寺《ぞうじょうじ》のトップ（法主《ほっす》）**だった祐天は、浄土宗の高僧である。

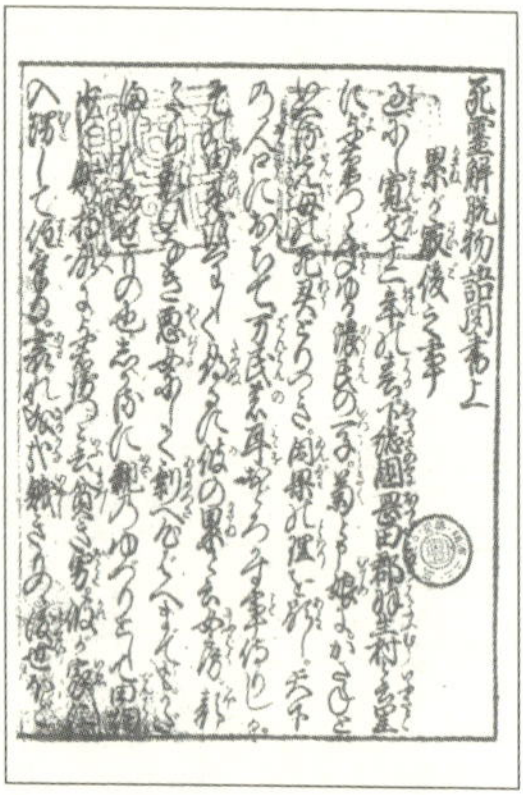

『死霊解脱物語聞書』

浄土宗といえば、「南無阿弥陀仏」（念仏）をひたすら称えて阿弥陀如来の救済にあずかり、極楽浄土への往生を祈る宗派だ。ということは、加持祈禱を行なう密教僧ではなかったにもかかわらず、「怨霊退散の呪法」をほどこしていたことになる。

それは、いったいどういうことなのか。

●最恐の怪談「累ヶ淵」の怨霊を鎮める

祐天の名をいちやく有名にしたのは、怪談「累ヶ淵《かさねがふち》」に出てくる累《るい》という娘の怨霊を鎮めたことにあるという。

しかし、その「累ヶ淵」という物語は、「四谷怪談」のように歌舞伎や講談のなかだけのお話ではないのか。

実は、「累ヶ淵」とは、下総国《しもうさのくに》の羽生村《はにゅうむら》（千葉県）で実際に起こった陰惨で奇怪な

『祐天上人御一代記』（栄泉社版）より。
祐天上人が助の死霊を浄霊している場面

事件をもとにしたものである。その事件は、のちに『死霊解脱物語聞書《しりょうげだつものがたりききがき》』としてまとめられ、それが歌舞伎となり、落語の怪談話となって広まったのだ。

俗に、「四谷怪談」「牡丹灯籠《ぼたんどうろう》」「耳なし芳一」「番町皿屋敷」「累ヶ淵」を日本の五大怪談（幽霊譚）と称するらしいが、間違いなくこのなかでダントツに怖くて気味が悪いのが「累ヶ淵」だといえる。

ちなみに、どういう話なのか、ざっくりと説明しておこう。

農民の与右衛門は妻の連れ子の娘・助《すけ》の容姿が醜いことを厭《いと》い、殺してしまった。その後、与右衛門と妻とのあいだには、助にそっくりの醜い子・累が生まれた。さらにその累が殺されたために、奇怪なことが次々起こるようになるという、およそ**60年間にもおよぶ因縁譚《いんねんたん》**なのである。

「不動明王の剣」を刺し込まれ霊能力が開花

陸奥国磐城郡《むつのくにいわき》（福島県）に生まれた祐天は、貧困による口減らしのため親から勘当され、12歳のときに増上寺の檀通《だんつう》上人に弟子入りしたが、生来の暗愚でまったく経文が覚えられず、破門されてしまう。

それに傷ついて一時は死のうとしたが、断食して夢のお告げを受けて、成田山新勝寺《しんしょうじ》に参籠することになる。参籠というのは、神社や寺に一定期間こもって、ひたすら神仏に祈願をすることである。そして、成田山といえば、不動信仰で有名な密教の道場だった。

江戸から成田へ旅する途中で、追いはぎに路銀を奪われ、無一物の状態で成田不動尊に到着し参籠することになった祐天は、それから3週間におよぶ不眠断食の祈願の果てに、死にかけながら幻を見た。

不動明王から喉に剣を刺し込まれ〝霊能〟に目覚めた祐天

それは、**巨大な不動明王から剣を喉に刺し込まれる**、というものであった。

おそらくは、心神耗弱《こうじゃく》で譫妄《せんもう》状態となった少年が、死の一歩手前のエクスタシー状態のなかで見た夢、ないしは幻覚だったのだろう。ともかく、夢のなかで「聖なる死」を体験した。そのとき〝霊能〟が彼のなかに生まれたのである。


それ以後、祐天はまるで別人のようになり、増上寺に帰還してあらゆる経文を読破、暗唱するという希代《きたい》の俊英に変身した。

そして、名利《みょうり》を嫌い、寺の住職になることも拒否して、修行のあげくに諸国行脚の旅に出た。祐天は各地で邪霊や魔物を祓ったりしながら、念仏の利益《りやく》を説いて回ったのである。
つまり、祐天は純粋な浄土宗の僧侶というよりも、その根底に荒行系の密教行者という顔をやはり持っていたのである。

徳川将軍家の帰依を受ける

累の怨霊に取り憑かれたお菊という少女を助けたのも、そうした行脚の旅の途上のことであった。**祓っても祓っても現われてくる死霊と祐天との対決**は、まことに鬼気迫るものがあり、これが有名な怪談話となっていったのもうなずける。

ともあれ、祐天の名声は日増しに高まっていき、やがて第5代将軍綱吉、その生母の桂昌院《けいしょういん》、第6代将軍家宣《いえのぶ》の帰依《きえ》を受けるようにまでなった。そして、ついには浄土宗大本山増上寺の法主として、大僧正《だいそうじょう》に任じられた。

これはもう僧侶として〝上がり〟となったことを意味する。祐天は間違いなく江戸で最も有名な僧となり、浄土宗は徳川家が奉ずる宗派にまでなったのだから。

しかし祐天は、そこまでになっても決しておごることはなく、**受けた布施はすべて廃寺の復興にあてた**といわれる。大地震で堂宇が倒壊して野ざらしとなり、荒廃が進んでいた**鎌倉の大仏を修復**したことは有名で、他にも**奈良の大仏殿**をはじめ多くの寺を復興させている。

晩年は江戸・目黒の地に草庵（現在の祐天寺）を結んで隠棲し、そこで没した。82歳で入寂するまで、多くの霊験を残したと伝わっている。

なお、祐天寺に安置された祐天の木像は、毎年3月1日に江戸城に運ばれて、諸供養を行なう慣習があったという。

コラム 異端として弾圧された「真言立川流」

室町時代から江戸時代にかけて、ある真言密教の一派が異端として徹底弾圧された。その理由は、**「男女の性交による即身成仏」**を説いたからだといわれる。

つまり、性魔術を実践した淫祠《いんし》邪教だというのである。

この**真言立川流**《しんごんたちかわりゅう》の創始者とされるのは、**仁寛**《にんかん》（のちに改名して蓮念《れんねん》）という僧で、貴族の生まれだったが、鳥羽《とば》天皇の暗殺をはかったとの嫌疑で伊豆の大仁《おおひと》へ流された。伊豆の地で仁寛は、武蔵国《むさしのくに》立川（東京都）の陰陽師・見蓮《けんれん》ら数人の弟子に奥義を授けたのち、近くの山頂から身を投げて死んだという。

彼の教えはその見蓮らが発展させ、立川流を確立したとされているのだ。

しかし、立川流の経典類などは後世の弾圧でほぼ焼き払われてしまったため、その実態はよくわかっていない。ただ、立川流を批判した文献などから、その奇矯《ききょう》な教えの片鱗が見え隠れするのみなのである。

たとえば鎌倉時代の立川流を批判する『受法用心集』によると、立川流は**「髑髏《どくろ》本尊」**を作製していたという。それは、男女の精液と経血をドクロに塗り重ね、毎夜、反魂香《はんごんこう》という霊薬を焚いて香りをつけ、銀箔と金箔を三重に圧してから、美女か童子のように彩色するというものである。

できあがった髑髏本尊を供養すると、その本尊は行者に三世《さんぜ》（未来・現在・過去）のことを教えてくれ、あらゆる願い事がかなうようになるというのだ。

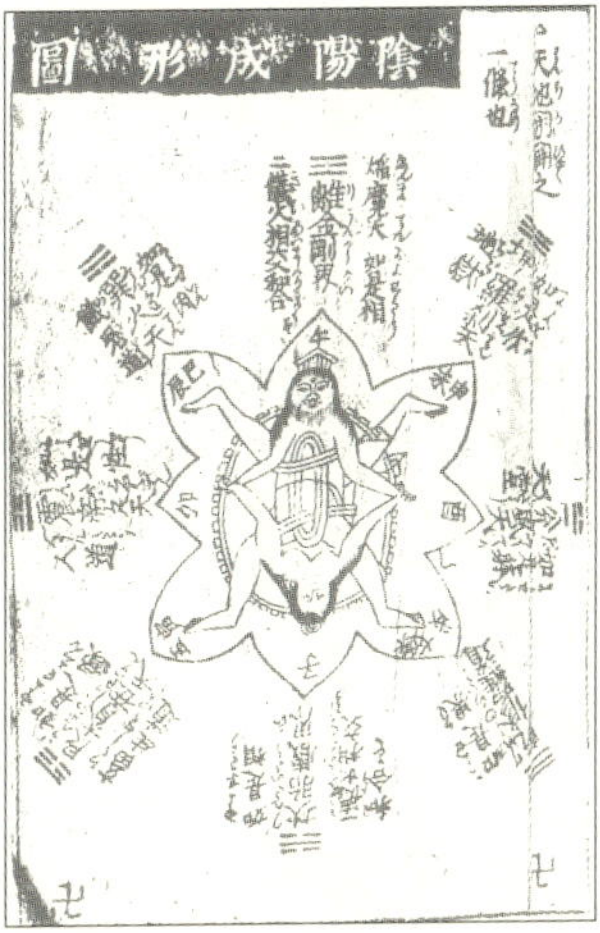

真言立川流の「敷曼荼羅」。
男女が蓮の花の上で交わっている

また、立川流の**敷曼荼羅**《しきまんだら》と称されるものの書写版もいくつか残っており、そこには男女が蓮の上で交わった姿が描かれたりしている。

南北朝時代には、後醍醐天皇を助

けたという妖僧・**文観**《もんかん》が立川流を大成させ、荼枳尼天を祀って異端邪義の実践を行なったともいう。

今日ではすべてが謎のままだが、しかし、日本に伝わらなかった後期密教の経典(『秘密集会《しゅうえ》タントラ』など)には、性的な交わりを即身成仏に利用する所作などがはっきり記されている。チベットには男女の合体仏が伝わることも有名だ。

性欲を否定して始まった仏教が、その最終段階たる後期密教で性を肯定するにいたったというのは皮肉な話だが、「立川流は本当に邪教だったのか」ということの検証もふくめて、〝性と仏教〟は非常に興味深いテーマなのである。

6章

仏が予言する「人類の未来」

……「仏の世界」とは、「宇宙」を表わしていた！

仏典が告げる「SF を超えた異次元世界」

ここまでは、ひたすらマジメに日本仏教のことを書いてきた。3章あたりで一度頭がオーバーヒートしかけたが、それでもなんとか持ち直して、ここまでよたよたと歩いてきたのだ。

そして、今読み返してみたら、なんと、すごくおもしろいではないか。しかも、ちょっと他に例がないくらい、仏教のことがわかりやすく書けてもいる。私がひとり、書斎の奥で会心の笑みを浮かべたのはいうまでもない。

だが、私は超常現象の研究家であって、決して『大法輪』や『月刊住職』のライターなのではない。ここで、そのまま「フツーの仏教本」として平和に終わらせるわけにはいかないのである。

というわけでラストの章は、思いっきり「フツーではない話」から始めさせていただく。そしてそこから、クラクラとめまいがするような世界に突入する。油断していると迷宮に入り込むかもしれないので、読者は迷わずについてきてほしい。

ここに1冊の〝奇書〟というべき本がある。

タイトルは**『仏典とUFO』**といい、著者は山本佳人《かじん》というアダムスキー派のUFO研究家で、１９７６年に大陸書房から出ている。

この本は要するに、**釈迦やその弟子に「宇宙旅行」の経験があったとしなければ理解しがたいほどに、仏典は宇宙や諸天体の記述に満ちている**、というのである。

そして、それを証明するために、大乗仏典から原始経典、そして古代のヴェーダ文献まで読み込んで、それらしき記述を徹底的に摘出し解説しているのだ。

まったくもって信じがたいような内容だが、ただそれだけ聞くと、非常におもしろそうな話ではないだろうか。

しかし、この本は世間からは、ほぼ黙殺されたといっていい。

ＵＦＯやオカルトの関係者からすると、仏教の難しそうな言葉や経文がやたらに出てきて、何を書いているのか意味不明な部分も多かったし、逆に、仏教の関係者から見ると、その奇抜なタイトルやとても上品とはいえない装幀があまりに胡散《うさん》くさくて、まったく読む気になれなかったからである。

つまり、一般読者にはわかりにくく、仏教者からは相手にされない本だったのだ。しかし、ここまで本書を読んでいただいた読者は、ある程度、仏教用語に対する免疫もできていることだろう。それに実は、ここから書く内容のための伏線も、すでに今までの章で少しずつ張っておいた。

それでは、この奇書『仏典とUFO』を適宜参照しつつ、**一般のお寺や本ではまず語られることのない、仏教の驚くべき側面**を最後に書いておきたい。

「仏国土（浄土）」とは〝地球外惑星〟のことである

1975年に山梨県甲府市で、2人の少年がUFOと宇宙人を目撃したと報道されたことがある。

これは、UFO界では有名な**「甲府事件」**といわれるもので、いわゆるアダムスキー型の宇宙船が甲府市上町《かみちょう》の郊外に着陸し、そこから降りてきた乗組員に少年たちは肩を叩かれたと証言したというのである。

ちょうどそのとき甲府に在住していた山本佳人は、2人の少年に何度も取材し、その証言の信憑性《しんぴょうせい》が高いことを確信した。なぜなら、ちょうど同じころ、広島県や東京都内でも同じ形の宇宙船が目撃され、撮影までされていたからである。

それが、まさに『仏典とUFO』を執筆している最中のできごとだったのだ。

山本は、もともと「日本GAP」という老舗《しにせ》のUFO研究団体に属していて、そこから独立し、独自のスピリチュアルな思想を取り入れた活動を行なっていた。

そして、『キリスト宇宙人説』『聖書とUFO』などの、いわゆる〝宇宙考古学〟といわれる分野の著作を発表していた。

宇宙考古学とは、ひと言でいうと、エジプトやシュメールなどの古代文明は宇宙人がつくったものではないか、ということを研究調査するもので、かつては日本でもエーリッヒ・フォン・デニケンや、アンドルー・トマスなどの著作が翻訳されて話題となった。1990年代にベストセラーとなった『神々の指紋』（グラハム・ハンコック）も、この分野のものといっていい。

そして山本は、宇宙考古学の観点から仏典に照準をあてたのである。これは実は世界でも先駆的なことだった。今では欧米で仏教とUFOの研究はさかんになり、およびただしい数の研究書が出ているが、日本ではこの『仏典とUFO』以来、ストップしているのが現状である。しかも同書は絶版となって久しく、山本も数年前に亡くなったらしい。

『仏典とUFO』が扱っているテーマは、あまりに説明を要する部分が多いため、ここで全体を要約することは困難だが、その結論的主張は次のようなものである。

・仏国土（浄土）とは、地球外惑星のことである
・如来とは、そこからやってきた異星人のことである
・『法華経』などに登場する巨大な仏塔は、宇宙船である
・観音菩薩や勢至《せいし》菩薩は、巨大母船そのものである

そして、それらを語る**釈迦とは、宇宙からのメッセンジャー**だったはずだと、山本は自信をもって語るのである。

何を荒唐無稽《こうとうむけい》な、と思われる方も多かろう。だが、たしかに仏典には、山本がそのように推論するのも無理ないほどに、とても地球上のこととは思えないような話がおびただしく見受けられるのである。

四天王のいる「須弥山」の奇天烈な形状

たとえば、仏典に登場する神々（天部）の居場所である。

4章の四天王や帝釈天のところで、世界の中心にはとてつもなく高い山・**須弥山**がそびえていると書いた。だが、その須弥山がどのような山なのかは、きちんと説明しておかなかった。ここで、その驚くべき姿を説明しよう。

山というと富士山のような形の円錐形をふつうは想像するだろうが、なんと**須弥山は立方体**なのである。巨大なキューブなのだ。

しかも、問題はその大きさである。そのキューブの1辺は8万由旬《ゆじゅん》。1由旬が約7キロメートルだから56万キロメートル、地球の直径のおよそ44倍だ。そのような超巨大な立方体のことを想像できるだろうか。

しかも、この立方体の下半分には、東西南北の四方に向かって4層のベランダ状の出っ張りがあり、そこに無数の天部の神々が住んでいるというのだ。その一番上層のベランダが四天王のいる場所なのである。

いよいよもって奇《き》天《て》烈《れつ》な形といえないだろうか。この形状は、もはや現代アートのオブジェであって、山というイメージのものではない。

そして、須弥山の上部の正方形の面は、神々のなかでも上級エリートたちがいる場所である。面の中央には**善見城**という四角い城があって、高さ1万メートルの城壁で囲まれている。ここが**神々の王・帝釈天インドラの住まい**なのである。

このように、もともとの仏典が語る世

須弥山の構造

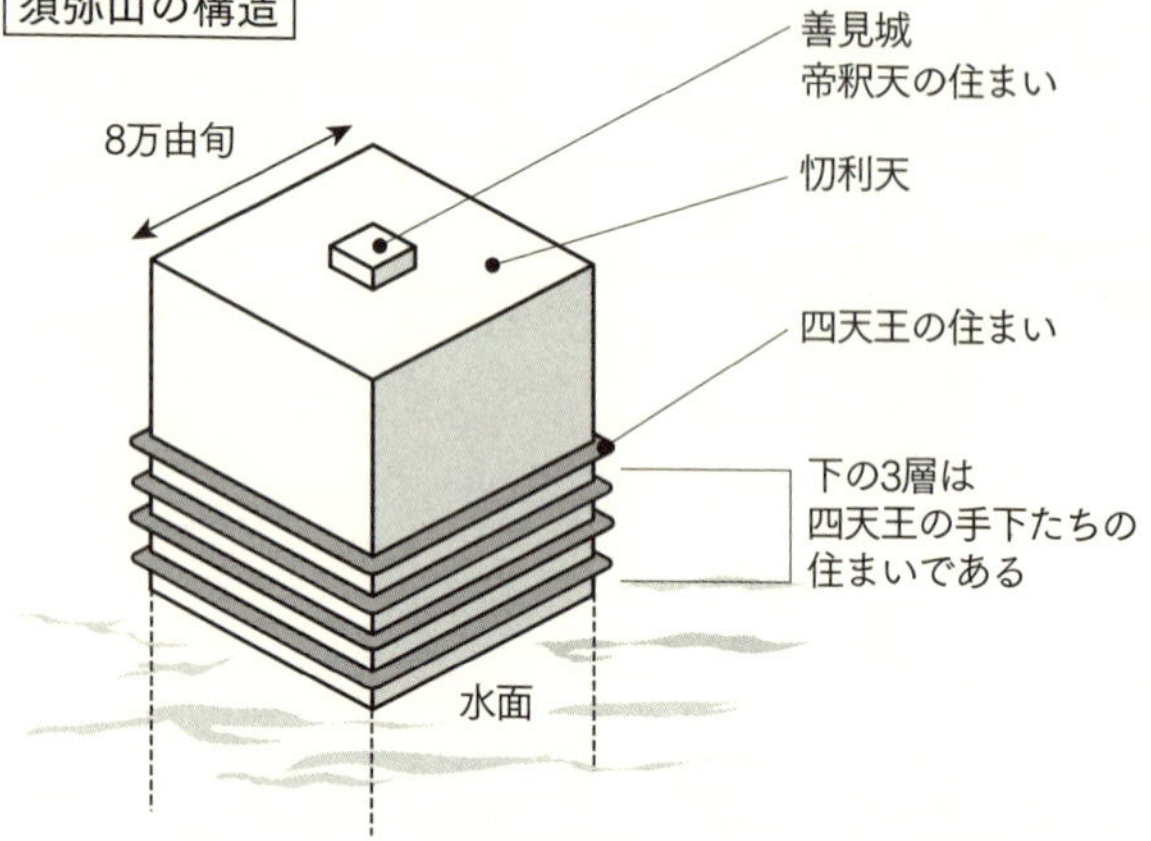

須弥山と周囲の様子

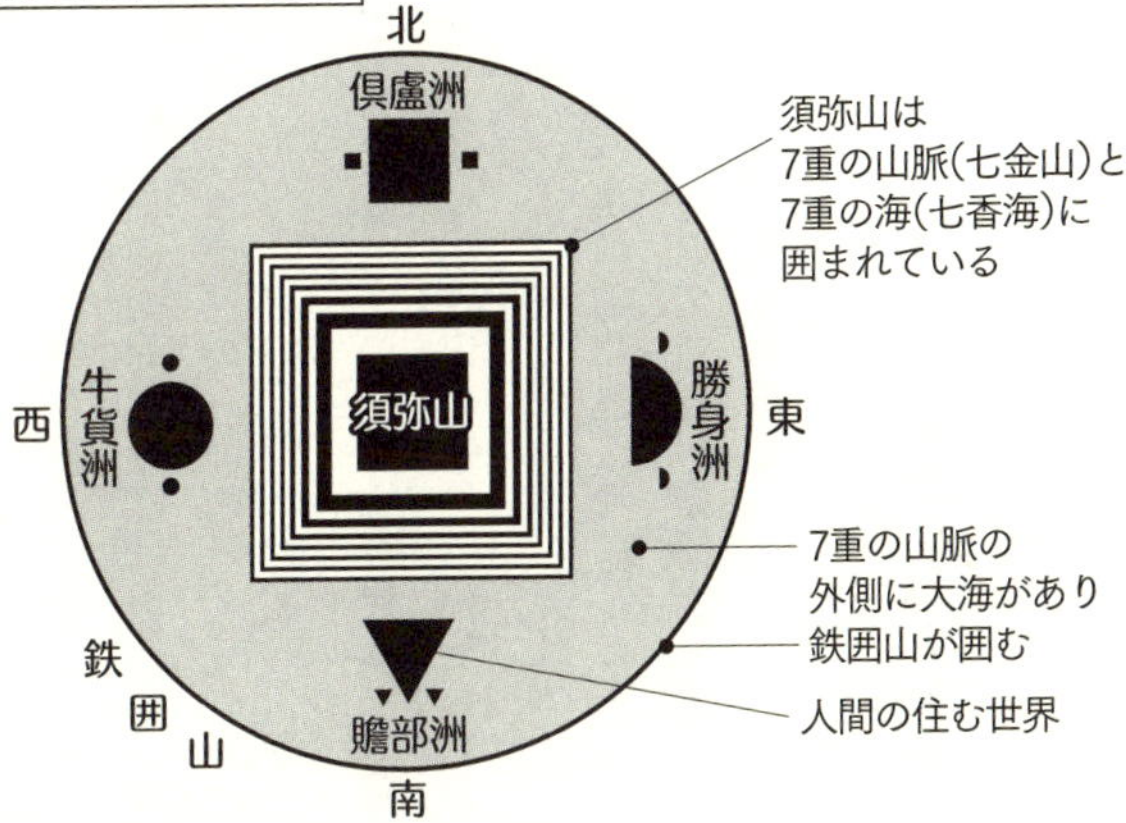

界観は、われわれが日本のお寺で感じる「素朴なイメージ」とは、まったくかけ離れた世界といっていい。

ちなみに、この須弥山は水面からにょっきりと立っているのだが、水中の部分も同じ大きさがあるらしいので、全体は直方体ということになる。

そしてその須弥山の周囲は、7重の山脈と7重の海に囲まれていて、山脈の外側の広大な海に、4つの洲（大陸？）が東西南北にポツンポツンと浮かんでいる。

それぞれ、南が贍部《せんぶ》洲、東が勝身洲、西が牛貨《ごけ》洲、北が倶盧《くる》洲だ。

そのうちの南側の**贍部洲が、われわれ人間の住む世界**なのだ。

瞻部洲の大きさは周囲約6000由旬なので、ほぼ地球1周と同じくらいだろうか。
大海の果てはどうなっているかというと、**鉄囲山**《てっちせん》という山脈がぐるりと円状に海を囲んでいて、その向こうには何もない。この円状の鉄囲山は、直径120万3500由旬、つまり地球の直径の約700倍となる計算だ。

山本佳人は、この**須弥山世界とは太陽系のことではないか**と推理する。つまり、須弥山とは太陽のことであり、海をはさんで取り巻く7重の山脈とは7つの惑星の公転軌道ではないかというのだ。たしかに、地球を別枠とすれば、7重の山脈と鉄囲山は太陽系の惑星軌道に見えないこともない。そして地球は瞻部洲というわけだ。

しかし、それではなぜ太陽が立方体となっているのか、など、山本説にもまだ検討すべき余地が多々あるといえる。

奈良の大仏の蓮華座に描かれた「多次元宇宙」とは

この常軌を逸したスケールの須弥山世界の話は、まだ続きがある。

人間の世界である贍部州の地下には、８つの地獄が層になって重なっており、これを**八大地獄**または八熱地獄という。最深部の**無間地獄**は、１辺が2万由旬の立方体の空間だという。

また、須弥山のはるか上空には、いくつもの天界があって、さらに上級の神々がいたり、菩薩たちが修行にはげんでいたりする。

しかも、上の天に行くにしたがって、だんだん身体がなくなって意識だけの世界となるらしい。その最高のところにある天を非想非非想天《ひそうひひそうてん》という。ここは、もうこれ以上の天が存在しないという意味で**「有頂天《うちょうてん》」**とも呼ばれるのだ。

ここまでのすべてを1世界とする。ブッダは1世界にひとりしか現われない。この１世界が１０００個集まったものを、「小千世界」という。そして小千世界が１０００個集まると「中千世界」となる。つまり、千の千倍なので１００万の世界だ。その中千世界が１０００個集まると、「大千世界」になる。

仏教ではこれを「三千大千世界」と呼ぶ。三千は千の三乗で10億の世界という意味であり、「十万億土」ともいう。要するに、全宇宙そのものなのである。

だが、全宇宙の数については、もうひとつの説がある。

4章の如来編で、奈良の大仏、すなわち毘盧遮那仏は宇宙そのものを意味するスーパーブッダだと書いた。

その**奈良の大仏の座している蓮華座《れんげざ》**には、よく見ると1枚1枚の花弁に、細かい階層宇宙と仏がびっしりと描き込まれている。

『華厳経』によれば、宇宙そのものである**毘盧遮那仏の蓮華の花弁は1000枚あって、その1枚1枚に100億の世界が含まれている**というのだ。

つまり、大仏の化身である1000人のブッダが、それぞれ100億人の化身のブッダとして示現しているという、壮大な多次元宇宙なのである。

はるかな未来に開かれる「弥勒の法会」とは

仏教宇宙論の話はあまりに壮大すぎて、意味がよくわからなかったかもしれない。しかし、もう「如来が異星からきた」といっても驚かないだろうし、山本佳人が『仏典とUFO』を書きたくなる気持ちもご理解いただけたのではないだろうか。

仏教は、ほとんどSFと紙一重《ひとえ》の世界の話だったのである。

さて、今までは「空間」の話をしていた。ここからは「時間」の話になる。

そして、最終的には、**「この世の終わりの話」**にまで行き着くはずだ。

先ほど、ひとつの須弥山世界にはひとりのブッダしか現われない、と書いた。そのひとりの仏が、「大きに光明を放ちて、あまねく三千大千世界を照らし給《たま》う」とされているからである。

しかし、ゴータマ・ブッダは２５００年前に入滅（死去）してしまった。ということは、もうこの世界には仏は現われず、世界に智慧の光明がもたらされることも永遠になくなってしまったのだろうか。

そんな疑問は、当然のように出てくるに違いない。

実は、より正確に書くならば、**「ひとつの須弥山世界が生成して消滅する1サイクルに、ひとりのブッダしか現われない」**ということなのだ。この須弥山世界は、いつか消滅することになっているのである。

仏教の宇宙観では、ひとつの世界は4段階の変化をくり返すという（**四劫**《しこう》）。それは次のようなサイクルである。

- **成劫**《じょう》……だんだん生成していく期間（20劫）
- **住劫**《じゅう》……安定して存在する期間（20劫）
- **壊劫**《え》……だんだん消滅していく期間（20劫）
- **空劫**《くう》……何もなくなっている期間（20劫）

「劫」というのは時間の単位で、気の遠くなるような長さを表わす（後述）。そして、今われわれは住劫にいる。ブッダも住劫にしか現われないのだ。ということは、そろそろ壊劫が近づいているのではないか、という見方もできるのである。

『法滅尽経』が告げる〝人類の終末〟

「劫」とは、『雑阿含経《ぞうあごんきょう》』によれば、1辺が1由旬（約7キロメートル）の立方体の城の中に、ケシ粒をいっぱいに満たし、100年に1粒ずつ取り出して、城がすべて空になるまで時間がたっても、「まだ1劫に満たないほど」だという。

そして80劫のことを、1大劫という。これがひとつの世界の期間だ。

しかし、われわれは本当に滅びへと向かっているのだろうか。その判断の指標となるのが、**大乗仏教の三時説**である。

すなわち、釈迦の入滅後1000年間（**正法《しょうぼう》の世**）は、正しい教え・行法・悟りがあって残っている期間、その次の1000年間（**像法《ぞうぼう》の世**）は、正しい教え・行法があっても悟りが得られない期間、そして次の1万年（**末法の世**）は、教えのみが残って人は修行せず悟りも失われた期間で、ついには〝**法滅尽**《ほうめつじん》〟にいたるというのだ。

つまり、われわれはもう「末法の世」に入っており、壊劫に向けた最終段階に少しずつ近づいていることになるのだ。


しかし、「世界の崩壊」はどのようにやってくるのだろう。

実は、**釈迦自身が世界の崩壊を語ったといわれる経典**がある。あまりに**恐怖に満ちた記述**があるので、長らく封印されていたという経典だ。

それが、『大方等大集月蔵経《だいほうどうだいじつがつぞうきょう》　法滅尽品《ぼん》』、通称を『**法滅尽経**』という。

それによると、人類は次のような終末を迎えるというのである。


「そのとき、虚空に大音が鳴り響き、大地震が起こり、あらゆるものが水車のように回り動く。城壁は崩れ落ち、人家ことごとく壊れ、樹木の根も枝葉も花も果実も尽き果てる。一切衆生を養う七味《しちみ》三精《さんしょう》は消滅し、正しい書物、経典も消滅する。……水源は涸渇し、大地はひび割れ、山は燃え上がり、もはや一滴の雨も降らない。穀物の苗が枯れ、大飢饉がくる。空より土が降り、昼は夜のごとくなり、太陽も月も星も現われない。あらゆる凶兆が現われ、大悪業と三毒が倍増し、人は不孝な罪を犯す。人の寿命も精気も快楽も消え失せ、正法・善行が消滅し、地獄・餓鬼・畜生の三悪道に堕ち、衆生はこの世から消滅する。諸天善神も濁り乱れた国を捨て、みなことごとく他の国へ去る。……法が滅するとき、油灯の油がなくなるときのように、炎が一瞬明るく燃え上がる。これから後は説くことができない」

いかがだろう。このような**『ヨハネ黙示録《もくしろく》』も真っ青の描写**で、人類の最期《さいご》の日が淡々と語られているのである。

仏教学者の菊村紀彦《のりひこ》氏は、この『法滅尽経』の描写を、**「原爆の炸裂を予言したものではないか」**と解釈している。

しかし、これではあまりに夢も希望もなさすぎる未来ではないか。

◯「弥勒菩薩の降臨」と「太陽系の運命」はリンクしていた!?

われわれは、ここで須弥山のはるか上空を見据えなければならない。

そこには、**ゴータマ・ブッダを継ぐ者が待機している天界**がある。**兜率天**《とそつてん》である。

そこでは、**弥勒菩薩**が次のブッダとなるために長い瞑想に入っている。そして、成道《じょうどう》（悟りにいたること）と同時に、地上に降りてくるはずなのだ。

だが、それはいったい、いつのことなのか。

『弥勒三部経』によれば、それは**56億7000万年後の未来**のことであるという。つまりそれが、この須弥山世界が滅びる時期ということなのかもしれない。

ここに奇妙な偶然の一致がある。

実は、最近の研究では、太陽系の年齢は現在44・4億年ほどと算出されており、**太陽が白色矮星**《はくしょくわいせい》**となって滅びるまでは、あと56億年ほど**だというのである。太陽がなくなれば、もちろん地球の全生命も存在できるはずがない。

つまり、**弥勒仏の降臨とは、ちょうど太陽系が終末を迎えているときに行なわれることになるのである。**

もうひとつ、暗合めいた話がある。

弥勒菩薩のインド名は、マイトレーヤ。これは「慈《いつく》しみ」という意味で、そこから弥勒は「慈尊《じそん》」とも呼ばれる。

しかし、そのルーツはインド神話の**ミトラ神**であり、この神はもともと、古代ペルシャのゾロアスター教（拝火教）において信仰された**〝太陽神〟**だったのだ。この神を信仰する者は7つの位階に分けられており、それぞれの位階ごとに太陽系の7惑星の紋章を着けていたのである。

どうやら、**「弥勒の降臨」と「太陽系の運命」は、神話的にもつながっていたらしい。**

弥勒は、未来仏となって地上に降り立ったとき、**龍華樹**《りゅうげじゅ》の下で3度の法会《ほうえ》をひらき、そこで、釈迦の救済にもれた者たちを〝慈しみ〟をもってすべて救うことになっている。これを**「龍華三会《さんね》の法会」**という。

龍華樹とは、高さ広さがそれぞれ40里（160キロメートル）あって、その枝は龍が百宝の花を吐くように見える巨木であるという。いったいそれは、どこにある何を意味しているものなのだろうか？

そして、白色矮星となって滅びようとしている太陽が、そのときの人類にもたらしてくれる最後の〝慈しみ〟とは、はたして何だろうか？

すべては、56億7000万年後の未来に託された謎なのである――。

コラム　青森県に「釈迦の墓」があった？

あまりに気の遠くなるような未来の話で本文が終わったので、最後のコラムは、少しほのぼのとした話題にしておこう。

青森県（三戸《さんのへ》郡新郷《しんごう》村戸来《へらい》）にキリストの墓がある、という突拍子もない話を聞いたことがないだろうか。

いや、実際にそれはあることはあるのである。さすがにこの話は有名になっているので、ああ、はいはいその話ね、という人も多いのではないかと思う。知らない人は、ぜひネットで検索してみてください。

だが、**「釈迦の墓もあるよ」**と聞けば、けっこう驚く人がいるのではないだろうか。

実は、日本には世界的な偉人の墓というのが、あちこちにある。モーゼもヨセフも楊貴妃《ようきひ》も、みんな日本に渡ってきて死んでいるらしいのだ。

とりわけ青森県は、釈迦とキリストという世界的な二大宗教者の墓があるので、もしかしたら、日本最高の聖地といっても過言ではないのかもしれない。

まあ、それはさておき、この本は仏教に関する本なので、釈迦の墓の話である。

青森県の津軽半島のほど近くに、**梵珠山**《ぼんじゆさん》という山がある。標高468メートルの山なのだが、その8合目あたりに、なぜか釈迦の墓があるのである（青森市浪岡大釈迦《なみおかだいしやか》）。

インドのクシナガラで入滅したはずの釈迦の墓が、である。

さすがに、世界中の仏教徒には相手にされていないようだが、この山は怪光現象の目撃が多い山でもある。ということは、なんらかの理由があるのかもしれない。

その昔、この山には釈迦像が祀られていたらしい。ところが、ある日、この像は台座だけ残して盗まれた。そこで、この近くに台釈迦（のちに大釈迦）という地名ができたという。

盗んだのは、秋田県の釈迦内村（大館市）の人だったようだ。青森側の大釈迦の人たちは、それが判明して激怒した。ところが、秋田側の主張では、もともとこちらにあった釈迦像が盗られたので、そこは釈迦内（釈迦がない）という地名になってしまったというのだ。

この話は、どちらが正しいのか決着がついていない。そして、その釈迦像が最終的にどうなったのかも、よくわかっていない。

でも、釈迦像があったりなかったりすることから、釈迦の墓というものができたのかもしれない。いや、きっとそうだ……ということにしておこうか。

《参考文献》

『インド仏教史』平川彰（全2巻・春秋社）、『講座仏教の受容と変容』（全6巻・佼成出版社）、『大乗仏典』（全15巻・中央公論新社）、『原始仏典』中村元編（筑摩書房）、『大日本佛教全書』（全161巻・名著普及会）、『奈良六大寺大観』（全14巻・岩波書店）、『大和古寺大観』（全7巻・岩波書店）、『聖徳太子鑽仰』四天王寺編（中外日報社）、『隠された十字架』梅原猛（新潮文庫）、『日本仏教宗史論集』（全10巻・吉川弘文館）、『山岳宗教史研究叢書』（全18巻・名著出版）、『弘法大師空海全集』（全8巻・筑摩書房）、『真言密教事相類聚』（全48巻・青山社）、『真言秘密加持集成』稲谷祐宣・荒城賢真（東方出版）、『主要密教経軌解説』八田幸雄（平河出版社）、『天台宗全書』（全26巻・第一書房）、『天台座主記』池山一切円編（天台宗務庁）、『浄土仏教の思想』（全15巻・講談社）、『法然と秦氏』山田繁夫（学習研究社）、『親鸞聖人全集』（全9巻・法藏館）、『一遍聖絵』（岩波文庫）、『日本禅宗史の流れ』古田紹欽（人文書院）、『禅堂生活』島田春浦（平河出版社）、『禅と日本文化』柳田聖山（講談社学術文庫）、『日蓮宗宗学全書』（全23巻・山喜房佛書林）、『日蓮聖人全集』（全7巻・春秋社）、『元三慈恵大師の研究』叡山学院編（同朋舎）、『温故』第1号（須佐郷土史研究会）、『江戸の悪霊祓い師』高田衛（筑摩書房）、『邪教・立川流』真鍋俊照（筑摩書房）、『仏典とＵＦＯ』山本佳人（大陸書房）、『須弥山と極楽』定方晟（講談社現代新書）、『インド宇宙誌』定方晟（春秋社）、ほか

《写真協力一覧》

p19「中尊寺経」大阪府箕面山瀧安寺、写真提供：箕面市役所／p29「綴織當麻曼陀羅　平成本」奈良県當麻寺奥院／p33「酒井雄哉師」、p41「救世観音立像」以上、写真提供：共同通信社／p57「金剛蔵王大権現像」、p58「役小角像」以上、奈良県国軸山金峯山寺／p65「弘法大師像」東京都五智山遍照院總持寺（西新井大師）所蔵／p93「鏡御影」京都府紫雲山金戒光明寺／p95「往生要集絵地獄図」兵庫県鶴立山大覚寺／p99「親鸞聖人像」栃木県高田山専修寺／p111「良寛像」出雲崎町良寛記念館／p117「波木井の御影（水鏡の御影）」山梨県身延山久遠寺／p183「木造元三大師坐像」京都府徳迎山正法寺、写真提供：大津市歴史博物館（撮影：寺島典人）／p193「八坂法観寺参詣曼荼羅」京都府霊応山法観寺／p199「利根川図志」国立国会図書館

本書は、本文庫のために書き下ろされたものです。

眠《ねむ》れないほどおもしろい「日本《にほん》の仏《ほとけ》さま」

著者　並木伸一郎（なみき・しんいちろう）
発行者　押鐘太陽
発行所　株式会社三笠書房
〒102-0072 東京都千代田区飯田橋3-3-1
電話　03-5226-5734（営業部） 03-5226-5731（編集部）
http://www.mikasashobo.co.jp
印刷　誠宏印刷
製本　ナショナル製本

©Shinichiro Namiki, Printed in Japan

ISBN978-4-8379-6838-2 C0130

＊本書のコピー、スキャン、デジタル化等の無断複製は著作権法上での例外を除き禁じられています。本書を代行業者等の第三者に依頼してスキャンやデジタル化することは、たとえ個人や家庭内での利用であっても著作権法上認められておりません。
＊落丁・乱丁本は当社営業部宛にお送りください。お取替えいたします。
＊定価・発行日はカバーに表示してあります。

王様文庫

王様文庫

謎とロマンが交錯！

並木伸一郎の本

眠れないほど面白い死後の世界

人は死んだら、どうなるのか？　〝あの世〟とは一体、どのようなところなのか？　「魂」と「転生」の秘密——驚愕の体験談、衝撃のエピソードが満載！

眠れないほど面白い日本の「聖地《パワー・スポット》」

伊勢神宮、出雲大社、高野山、天孫降臨の地……人はなぜ「この地」に惹きつけられるのか？　その知られざる由来から、摩訶不思議な驚愕のエピソードまで！

眠れないほどおもしろい世界史「不思議な話」

選りすぐりのネタ満載！　おもしろ知識が盛りだくさん！　「話のネタ」にも使える本。あなたの知らない、極上の世界史ミステリー！

眠れないほどおもしろい日本史「意外な話」

「その時」、何が起きたのか——？　誰もが知る〝日本史の大事件〟に隠された意外な話、今なお解き明かされない謎、不思議なエピソード！

眠れないほどおもしろい「古代史」の謎

天孫降臨、卑弥呼、箸墓古墳、古史古伝、仁徳天皇陵、神代文字……「神話」と「歴史」がリンクする瞬間とは——！　謎が謎を呼ぶ「古代史のロマン」を楽しむ本！

眠れないほどおもしろい「聖書」の謎

『聖書』がわかれば、世界がわかる！　旧約・新約の物語から、〝裏聖書〟の全貌まで——これぞ〝人類史上最大のベストセラー〟！

K600013